GREGO

VOCABULÁRIO

PORTUGUÊS BRASILEIRO

PORTUGUÊS GREGO

Para alargar o seu léxico e apurar as suas competências linguísticas

5000 palavras

Vocabulário Português Brasileiro-Grego - 5000 palavras

Por Andrey Taranov

Os vocabulários da T&P Books destinam-se a ajudar a aprender, a memorizar, e a rever palavras estrangeiras. O dicionário é dividido em temas, cobrindo todas as principais esferas de atividades quotidianas, negócios, ciência, cultura, etc.

O processo de aprendizagem, utilizando os dicionários baseados em temáticas da T&P Books dá-lhe as seguintes vantagens:

- Informação de origem corretamente agrupada predetermina o sucesso em fases subsequentes da memorização de palavras
- Disponibilização de palavras derivadas da mesma raiz, o que permite a memorização de unidades de texto (em vez de palavras separadas)
- Pequenas unidades de palavras facilitam o processo de estabelecimento de vínculos associativos necessários para a consolidação do vocabulário
- O nível de conhecimento da língua pode ser estimado pelo número de palavras aprendidas

T&P Books Publishing
www.tpbooks.com

ISBN: 978-1-78767-368-7

Este livro também está disponível em formato E-book.
Por favor visite www.tpbooks.com ou as principais livrarias on-line.

VOCABULÁRIO GREGO
palavras mais úteis

Os vocabulários da T&P Books destinam-se a ajudar a aprender, a memorizar, e a rever palavras estrangeiras. O vocabulário contém mais de 5000 palavras de uso comum organizadas tematicamente.

O vocabulário contém as palavras mais comummente usadas
Recomendado como adicional para qualquer curso de línguas
Satisfaz as necessidades dos iniciados e dos alunos avançados de línguas estrangeiras
Conveniente para o uso diário, sessões de revisão e atividades de auto-teste
Permite avaliar o seu vocabulário

Características especias do vocabulário

*   As palavras estão organizadas de acordo com o seu significado, e não por ordem alfabética
*   As palavras são apresentadas em três colunas para facilitar os processos de revisão e auto-teste
*   As palavras compostas são divididas em pequenos blocos para facilitar o processo de aprendizagem
*   O vocabulário oferece uma transcrição simples e adequada de cada palavra estrangeira

O vocabulário contém 155 tópicos incluindo:

Conceitos básicos, Números, Cores, Meses, Estações do ano, Unidades de medida, Roupas & Acessórios, Alimentos & Nutrição, Restaurante, Membros da Família, Parentes, Caráter, Sentimentos, Emoções, Doenças, Cidade, Passeios, Compras, Dinheiro, Casa, Lar, Escritório, Trabalho no Escritório, Importação & Exportação, Marketing, Pesquisa de Emprego, Esportes, Educação, Computador, Internet, Ferramentas, Natureza, Países, Nacionalidades e muito mais ...

TABELA DE CONTEÚDOS

GUIA DE PRONUNCIAÇÃO

Alfabeto fonético T&P	Exemplo Grego	Exemplo Português
[a]	αγαπάω [aɣapáo]	chamar
[e]	έπαινος [épenos]	metal
[i]	φυσικός [fisikós]	sinônimo
[o]	οθόνη [οθóni]	lobo
[u]	βουτάω [vutáo]	bonita
[b]	καμπάνα [kabána]	barril
[d]	ντετέκτιβ [detéktiv]	dentista
[f]	ράμφος [rámfos]	safári
[g]	γκολφ [golˡf]	gosto
[ɣ]	γραβάτα [ɣraváta]	agora
[j]	μπάιτ [bájt]	Vietnã
[ĵ]	Αίγυπτος [éĵiptos]	Vietnã
[k]	ακόντιο [akóndio]	aquilo
[lʲ]	αλάτι [alʲáti]	barulho
[m]	μάγος [máɣos]	magnólia
[n]	ασανσέρ [asansér]	natureza
[p]	βλέπω [vlépo]	presente
[r]	ρόμβος [rómvos]	riscar
[s]	σαλάτα [salʲáta]	sanita
[ð]	πόδι [póði]	[z] - fricativa dental sonora não-sibilante
[θ]	λάθος [lˡáθos]	[s] - fricativa dental surda não-sibilante
[t]	κινητό [kinitó]	tulipa
[ʧ]	check-in [ʧek-in]	Tchau!
[v]	βραχιόλι [vraxióli]	fava
[x]	νύχτα [níxta]	fricativa uvular surda
[w]	ουίσκι [wíski]	página web
[z]	κουζίνα [kuzína]	sésamo
[ˈ]	έξι [éksi]	acento principal

ABREVIATURAS
usadas no vocabulário

Abreviaturas do Português

adj	-	adjetivo
adv	-	advérbio
anim.	-	animado
conj.	-	conjunção
desp.	-	esporte
etc.	-	Etcetera
ex.	-	por exemplo
f	-	nome feminino
f pl	-	feminino plural
fem.	-	feminino
inanim.	-	inanimado
m	-	nome masculino
m pl	-	masculino plural
m, f	-	masculino, feminino
masc.	-	masculino
mat.	-	matemática
mil.	-	militar
pl	-	plural
prep.	-	preposição
pron.	-	pronome
sb.	-	sobre
sing.	-	singular
v aux	-	verbo auxiliar
vi	-	verbo intransitivo
vi, vt	-	verbo intransitivo, transitivo
vr	-	verbo reflexivo
vt	-	verbo transitivo

Abreviaturas do Grego

αρ.	-	nome masculino
αρ.πλ.	-	masculino plural
αρ./θηλ.	-	masculino, feminino
θηλ.	-	nome feminino
θηλ.πλ.	-	feminino plural
ουδ.	-	neutro
ουδ.πλ.	-	neutro plural
πλ.	-	plural

CONCEITOS BÁSICOS

Conceitos básicos. Parte 1

1. Pronomes

eu	εγώ	[eɣó]
você	εσύ	[esí]
ele	αυτός	[aftós]
ela	αυτή	[aftí]
ele, ela (neutro)	αυτό	[aftó]
nós	εμείς	[emís]
vocês	εσείς	[esís]

2. Cumprimentos. Saudações. Despedidas

Oi!	Γεια σου!	[ja su]
Olá!	Γεια σας!	[ja sas]
Bom dia!	Καλημέρα!	[kaliméra]
Boa tarde!	Καλό απόγευμα!	[kaljó apójevma]
Boa noite!	Καλησπέρα!	[kalispéra]
cumprimentar (vt)	χαιρετώ	[xeretó]
Oi!	Γεια!	[ja]
saudação (f)	χαιρετισμός (αρ.)	[xeretizmós]
saudar (vt)	χαιρετώ	[xeretó]
E aí, novidades?	Τι νέα;	[ti néa]
Até breve!	Τα λέμε σύντομα!	[ta léme síndoma]
Adeus! (sing.)	Αντίο!	[adío]
Adeus! (pl)	Αντίο σας!	[adío sas]
despedir-se (dizer adeus)	αποχαιρετώ	[apoxeretó]
Até mais!	Γεια!	[ja]
Obrigado! -a!	Ευχαριστώ!	[efxaristó]
Muito obrigado! -a!	Ευχαριστώ πολύ!	[efxaristó polí]
De nada	Παρακαλώ	[parakaljó]
Não tem de quê	Δεν είναι τίποτα	[ðen íne típota]
Não foi nada!	Τίποτα	[típota]
Desculpa!	Με συγχωρείς!	[me sinxorís]
Desculpe!	Με συγχωρείτε!	[me sinxoríte]
desculpar (vt)	συγχωρώ	[sinxoró]
desculpar-se (vr)	ζητώ συγνώμη	[zitó siɣnómi]
Me desculpe	Συγνώμη	[siɣnómi]

Desculpe!	Με συγχωρείτε!	[me sinxoríte]
perdoar (vt)	συγχωρώ	[sinxoró]
por favor	παρακαλώ	[parakalió]

Não se esqueça!	Μην ξεχάσετε!	[min ksexásete]
Com certeza!	Βεβαίως! Φυσικά!	[vevéos], [fisiká]
Claro que não!	Όχι βέβαια!	[óxi vévea]
Está bem! De acordo!	Συμφωνώ!	[simfonó]
Chega!	Αρκετά!	[arketá]

3. Como se dirigir a alguém

senhor	Κύριε	[kírie]
senhora	Κυρία	[kiría]
senhorita	Δεσποινίς	[ðespinís]
jovem	Νεαρέ	[nearé]
menino	Αγόρι	[ayóri]
menina	δεσποινίς	[ðespinís]

4. Números cardinais. Parte 1

zero	μηδέν	[miðén]
um	ένα	[éna]
dois	δύο	[ðío]
três	τρία	[tría]
quatro	τέσσερα	[tésera]

cinco	πέντε	[pénde]
seis	έξι	[éksi]
sete	εφτά	[eftá]
oito	οχτώ	[oxtó]
nove	εννέα	[enéa]

dez	δέκα	[ðéka]
onze	ένδεκα	[énðeka]
doze	δώδεκα	[ðóðeka]
treze	δεκατρία	[ðekatría]
catorze	δεκατέσσερα	[ðekatésera]

quinze	δεκαπέντε	[ðekapénde]
dezesseis	δεκαέξι	[ðekaéksi]
dezessete	δεκαεφτά	[ðekaeftá]
dezoito	δεκαοχτώ	[ðekaoxtó]
dezenove	δεκαεννέα	[ðekaenéa]

vinte	είκοσι	[íkosi]
vinte e um	είκοσι ένα	[íkosi éna]
vinte e dois	είκοσι δύο	[ikosi ðío]
vinte e três	είκοσι τρία	[ikosi tría]

trinta	τριάντα	[triánda]
trinta e um	τριάντα ένα	[triánda éna]

| trinta e dois | τριάντα δύο | [triánda ðío] |
| trinta e três | τριάντα τρία | [triánda tría] |

quarenta	σαράντα	[saránda]
quarenta e um	σαράντα ένα	[saránda éna]
quarenta e dois	σαράντα δύο	[saránda ðío]
quarenta e três	σαράντα τρία	[saránda tría]

cinquenta	πενήντα	[peninda]
cinquenta e um	πενήντα ένα	[peninda éna]
cinquenta e dois	πενήντα δύο	[peninda ðío]
cinquenta e três	πενήντα τρία	[peninda tría]

sessenta	εξήντα	[eksínda]
sessenta e um	εξήντα ένα	[eksínda éna]
sessenta e dois	εξήντα δύο	[eksínda ðío]
sessenta e três	εξήντα τρία	[eksínda tría]

setenta	εβδομήντα	[evðomínda]
setenta e um	εβδομήντα ένα	[evðomínda éna]
setenta e dois	εβδομήντα δύο	[evðomínda ðío]
setenta e três	εβδομήντα τρία	[evðomínda tría]

oitenta	ογδόντα	[oɣðónda]
oitenta e um	ογδόντα ένα	[oɣðónda éna]
oitenta e dois	ογδόντα δύο	[oɣðónda ðío]
oitenta e três	ογδόντα τρία	[oɣðónda tría]

noventa	ενενήντα	[eneninda]
noventa e um	ενενήντα ένα	[eneninda éna]
noventa e dois	ενενήντα δύο	[eneninda ðío]
noventa e três	ενενήντα τρία	[eneninda tría]

5. Números cardinais. Parte 2

cem	εκατό	[ekató]
duzentos	διακόσια	[ðiakósia]
trezentos	τριακόσια	[triakósia]
quatrocentos	τετρακόσια	[tetrakósia]
quinhentos	πεντακόσια	[pendakósia]

seiscentos	εξακόσια	[eksakósia]
setecentos	εφτακόσια	[eftakósia]
oitocentos	οχτακόσια	[oxtakósia]
novecentos	εννιακόσια	[eniakósia]

mil	χίλια	[xília]
dois mil	δύο χιλιάδες	[ðío xiliáðes]
três mil	τρεις χιλιάδες	[tris xiliáðes]
dez mil	δέκα χιλιάδες	[ðéka xiliáðes]
cem mil	εκατό χιλιάδες	[ekató xiliáðes]

| um milhão | εκατομμύριο (ουδ.) | [ekatomírio] |
| um bilhão | δισεκατομμύριο (ουδ.) | [ðisekatomírio] |

6. Números ordinais

primeiro (adj)	πρώτος	[prótos]
segundo (adj)	δεύτερος	[ðéfteros]
terceiro (adj)	τρίτος	[trítos]
quarto (adj)	τέταρτος	[tétartos]
quinto (adj)	πέμπτος	[pémptos]
sexto (adj)	έκτος	[éktos]
sétimo (adj)	έβδομος	[évðomos]
oitavo (adj)	όγδοος	[óγðoos]
nono (adj)	ένατος	[énatos]
décimo (adj)	δέκατος	[ðékatos]

7. Números. Frações

fração (f)	κλάσμα (ουδ.)	[klʲázma]
um meio	ένα δεύτερο	[éna ðéftero]
um terço	ένα τρίτο	[éna tríto]
um quarto	ένα τέταρτο	[éna tétarto]
um oitavo	ένα όγδοο	[éna óγðoo]
um décimo	ένα δέκατο	[éna ðékato]
dois terços	δύο τρίτα	[ðío tríta]
três quartos	τρία τέταρτα	[tría tétarta]

8. Números. Operações básicas

subtração (f)	αφαίρεση (θηλ.)	[aféresi]
subtrair (vi, vt)	αφαιρώ	[aferó]
divisão (f)	διαίρεση (θηλ.)	[ðiéresi]
dividir (vt)	διαιρώ	[ðieró]
adição (f)	πρόσθεση (θηλ.)	[prósθesi]
somar (vt)	αθροίζω	[aθrízo]
adicionar (vt)	προσθέτω	[prosθéto]
multiplicação (f)	πολλαπλασιασμός (αρ.)	[polʲaplʲasiazmós]
multiplicar (vt)	πολλαπλασιάζω	[polʲaplʲasiázo]

9. Números. Diversos

algarismo, dígito (m)	ψηφίο (ουδ.)	[psifío]
número (m)	αριθμός (αρ.)	[ariθmós]
numeral (m)	αριθμητικό (ουδ.)	[ariθmitikó]
menos (m)	μείον (ουδ.)	[míon]
mais (m)	συν (ουδ.)	[sin]
fórmula (f)	τύπος (αρ.)	[típos]
cálculo (m)	υπολογισμός (αρ.)	[ipolʲojizmós]
contar (vt)	μετράω	[metráo]

calcular (vt)	υπολογίζω	[ipolʲoʲízo]
comparar (vt)	συγκρίνω	[singríno]

Quanto?	Πόσο;	[póso]
Quantos? -as?	Πόσα;	[pósa]

soma (f)	ποσό (ουδ.)	[posó]
resultado (m)	αποτέλεσμα (ουδ.)	[apotélezma]
resto (m)	υπόλοιπο (ουδ.)	[ipólipo]

alguns, algumas …	μερικοί	[merikí]
pouco (~ tempo)	λίγο	[líγo]
resto (m)	υπόλοιπο (ουδ.)	[ipólipo]
um e meio	ενάμισι (ουδ.)	[enámisi]
dúzia (f)	δωδεκάδα (θηλ.)	[ðoðekáða]

ao meio	στα δύο	[sta ðío]
em partes iguais	ισομερώς	[isomerós]
metade (f)	μισό (ουδ.)	[misó]
vez (f)	φορά (θηλ.)	[forá]

10. Os verbos mais importantes. Parte 1

abrir (vt)	ανοίγω	[aníγo]
acabar, terminar (vt)	τελειώνω	[telióno]
aconselhar (vt)	συμβουλεύω	[simvulévo]
adivinhar (vt)	μαντεύω	[mandévo]
advertir (vt)	προειδοποιώ	[proiðopió]

ajudar (vt)	βοηθώ	[voiθó]
almoçar (vi)	τρώω μεσημεριανό	[tróo mesimerianó]
alugar (~ um apartamento)	νοικιάζω	[nikiázo]
amar (pessoa)	αγαπάω	[aγapáo]
ameaçar (vt)	απειλώ	[apilʲó]

anotar (escrever)	σημειώνω	[simióno]
apressar-se (vr)	βιάζομαι	[viázome]
arrepender-se (vr)	λυπάμαι	[lipáme]
assinar (vt)	υπογράφω	[ipoγráfo]
brincar (vi)	αστειεύομαι	[astiévome]

brincar, jogar (vi, vt)	παίζω	[pézo]
buscar (vt)	ψάχνω	[psáxno]
caçar (vi)	κυνηγώ	[kiniγó]
cair (vi)	πέφτω	[péfto]
cavar (vt)	σκάβω	[skávo]
chamar (~ por socorro)	καλώ	[kalʲó]

chegar (vi)	έρχομαι	[érxome]
chorar (vi)	κλαίω	[kléo]
começar (vt)	αρχίζω	[arxízo]
comparar (vt)	συγκρίνω	[singríno]
concordar (dizer "sim")	συμφωνώ	[simfonó]
confiar (vt)	εμπιστεύομαι	[embistévome]

confundir (equivocar-se)	μπερδεύω	[berðévo]
conhecer (vt)	γνωρίζω	[ɣnorízo]
contar (fazer contas)	υπολογίζω	[ipolʲojízo]
contar com ...	υπολογίζω σε ...	[ipolʲojízo se]
continuar (vt)	συνεχίζω	[sinexízo]

controlar (vt)	ελέγχω	[elénxo]
convidar (vt)	προσκαλώ	[proskalʲó]
correr (vi)	τρέχω	[tréxo]
criar (vt)	δημιουργώ	[ðimiurɣó]
custar (vt)	κοστίζω	[kostízo]

11. Os verbos mais importantes. Parte 2

dar (vt)	δίνω	[ðíno]
dar uma dica	υπαινίσσομαι	[ipenísome]
decorar (enfeitar)	στολίζω	[stolízo]
defender (vt)	υπερασπίζω	[iperaspízo]
deixar cair (vt)	ρίχνω	[ríxno]

descer (para baixo)	κατεβαίνω	[katevéno]
desculpar-se (vr)	ζητώ συγνώμη	[zitó siɣnómi]
dirigir (~ uma empresa)	διευθύνω	[ðiefθíno]
discutir (notícias, etc.)	συζητώ	[sizitó]

disparar, atirar (vi)	πυροβολώ	[pirovolʲó]
dizer (vt)	λέω	[léo]
duvidar (vt)	αμφιβάλλω	[amfiválʲo]
encontrar (achar)	βρίσκω	[vrísko]
enganar (vt)	εξαπατώ	[eksapató]

entender (vt)	καταλαβαίνω	[katalʲavéno]
entrar (na sala, etc.)	μπαίνω	[béno]
enviar (uma carta)	στέλνω	[stélʲno]
errar (enganar-se)	κάνω λάθος	[káno lʲáθos]
escolher (vt)	επιλέγω	[epiléɣo]

esconder (vt)	κρύβω	[krívo]
escrever (vt)	γράφω	[ɣráfo]
esperar (aguardar)	περιμένω	[periméno]
esperar (ter esperança)	ελπίζω	[elʲpízo]
esquecer (vt)	ξεχνάω	[ksexnáo]

estudar (vt)	μελετάω	[meletáo]
exigir (vt)	απαιτώ	[apetó]
existir (vi)	υπάρχω	[ipárxo]
explicar (vt)	εξηγώ	[eksiɣó]

falar (vi)	μιλάω	[milʲáo]
faltar (a la escuela, etc.)	απουσιάζω	[apusiázo]
fazer (vt)	κάνω	[káno]
ficar em silêncio	σιωπώ	[siopó]
gabar-se (vr)	καυχιέμαι	[kafxiéme]
gostar (apreciar)	μου αρέσει	[mu arési]

gritar (vi)	φωνάζω	[fonázo]
guardar (fotos, etc.)	διατηρώ	[ðiatiró]
informar (vt)	πληροφορώ	[pliroforó]
insistir (vi)	επιμένω	[epiméno]

insultar (vt)	προσβάλλω	[prozválⁱo]
interessar-se (vr)	ενδιαφέρομαι	[enðiaférome]
ir (a pé)	πηγαίνω	[pijéno]
ir nadar	κάνω μπάνιο	[káno bánio]
jantar (vi)	τρώω βραδινό	[tróo vraðinó]

12. Os verbos mais importantes. Parte 3

ler (vt)	διαβάζω	[ðiavázo]
libertar, liberar (vt)	απελευθερώνω	[apelefθeróno]
matar (vt)	σκοτώνω	[skotóno]
mencionar (vt)	αναφέρω	[anaféro]
mostrar (vt)	δείχνω	[ðíxno]

mudar (modificar)	αλλάζω	[alⁱázo]
nadar (vi)	κολυμπώ	[kolibó]
negar-se a ... (vr)	αρνούμαι	[arnúme]
objetar (vt)	αντιλέγω	[andiléɣo]

observar (vt)	παρατηρώ	[paratiró]
ordenar (mil.)	διατάζω	[ðiatázo]
ouvir (vt)	ακούω	[akúo]
pagar (vt)	πληρώνω	[pliróno]
parar (vi)	σταματάω	[stamatáo]

parar, cessar (vt)	σταματώ	[stamató]
participar (vi)	συμμετέχω	[simetéxo]
pedir (comida, etc.)	παραγγέλνω	[parangélⁱno]
pedir (um favor, etc.)	ζητώ	[zitó]
pegar (tomar)	παίρνω	[pérno]

pegar (uma bola)	πιάνω	[piáno]
pensar (vi, vt)	σκέφτομαι	[skéftome]
perceber (ver)	παρατηρώ	[paratiró]
perdoar (vt)	συγχωρώ	[sinxoró]
perguntar (vt)	ρωτάω	[rotáo]

permitir (vt)	επιτρέπω	[epitrépo]
pertencer a ... (vi)	ανήκω σε ...	[aníko se]
planejar (vt)	σχεδιάζω	[sxeðiázo]
poder (~ fazer algo)	μπορώ	[boró]
possuir (uma casa, etc.)	κατέχω	[katéxo]

preferir (vt)	προτιμώ	[protimó]
preparar (vt)	μαγειρεύω	[majirévo]
prever (vt)	προβλέπω	[provlépo]
prometer (vt)	υπόσχομαι	[ipósxome]
pronunciar (vt)	προφέρω	[proféro]
propor (vt)	προτείνω	[protíno]

punir (castigar)	τιμωρώ	[timoró]
quebrar (vt)	σπάω	[spáo]
queixar-se de ...	παραπονιέμαι	[paraponiéme]
querer (desejar)	θέλω	[θélʲo]

13. Os verbos mais importantes. Parte 4

ralhar, repreender (vt)	μαλώνω	[malʲóno]
recomendar (vt)	προτείνω	[protíno]
repetir (dizer outra vez)	επαναλαμβάνω	[epanalʲamváno]
reservar (~ um quarto)	κλείνω	[klíno]
responder (vt)	απαντώ	[apandó]

rezar, orar (vi)	προσεύχομαι	[proséfxome]
rir (vi)	γελάω	[ɟelʲáo]
roubar (vt)	κλέβω	[klévo]
saber (vt)	ξέρω	[kséro]
sair (~ de casa)	βγαίνω	[vʲéno]

salvar (resgatar)	σώζω	[sózo]
seguir (~ alguém)	ακολουθώ	[akolʲuθó]
sentar-se (vr)	κάθομαι	[káθome]
ser necessário	χρειάζομαι	[xriázome]

ser, estar	είμαι	[íme]
significar (vt)	σημαίνω	[siméno]
sorrir (vi)	χαμογελάω	[xamoɟelʲáo]
subestimar (vt)	υποτιμώ	[ipotimó]
surpreender-se (vr)	εκπλήσσομαι	[ekplísome]

tentar (~ fazer)	προσπαθώ	[prospaθó]
ter (vt)	έχω	[éxo]
ter fome	πεινάω	[pináo]

ter medo	φοβάμαι	[fováme]
ter sede	διψάω	[ðipsáo]
tocar (com as mãos)	αγγίζω	[angízo]
tomar café da manhã	παίρνω πρωινό	[pérno proinó]
trabalhar (vi)	δουλεύω	[ðulévo]
traduzir (vt)	μεταφράζω	[metafrázo]

unir (vt)	ενώνω	[enóno]
vender (vt)	πουλώ	[pulʲó]
ver (vt)	βλέπω	[vlépo]
virar (~ para a direita)	στρίβω	[strívo]
voar (vi)	πετάω	[petáo]

14. Cores

cor (f)	χρώμα (ουδ.)	[xróma]
tom (m)	απόχρωση (θηλ.)	[apóxrosi]
tonalidade (m)	τόνος (αρ.)	[tónos]

arco-íris (m)	ουράνιο τόξο (ουδ.)	[uránio tókso]
branco (adj)	λευκός, άσπρος	[lefkós], [áspros]
preto (adj)	μαύρος	[mávros]
cinza (adj)	γκρίζος	[grízos]

verde (adj)	πράσινος	[prásinos]
amarelo (adj)	κίτρινος	[kítrinos]
vermelho (adj)	κόκκινος	[kókinos]

azul (adj)	μπλε	[ble]
azul claro (adj)	γαλανός	[yalʲanós]
rosa (adj)	ροζ	[roz]
laranja (adj)	πορτοκαλί	[portokalí]
violeta (adj)	βιολετί	[violetí]
marrom (adj)	καφετής	[kafetís]

dourado (adj)	χρυσός	[xrisós]
prateado (adj)	αργυρόχροος	[aryiróxroos]

bege (adj)	μπεζ	[bez]
creme (adj)	κρεμ	[krem]
turquesa (adj)	τιρκουάζ, τουρκουάζ	[tirkuáz], [turkuáz]
vermelho cereja (adj)	βυσσινής	[visinís]
lilás (adj)	λιλά, λουλακής	[liʲá], [lʲulʲakís]
carmim (adj)	βαθυκόκκινος	[vaθikókinos]

claro (adj)	ανοιχτός	[anixtós]
escuro (adj)	σκούρος	[skúros]
vivo (adj)	έντονος	[édonos]

de cor	έγχρωμος	[énxromos]
a cores	έγχρωμος	[énxromos]
preto e branco (adj)	ασπρόμαυρος	[asprómavros]
unicolor (de uma só cor)	μονόχρωμος	[monóxromos]
multicolor (adj)	πολύχρωμος	[políxromos]

15. Questões

Quem?	Ποιος;	[pios]
O que?	Τι;	[ti]
Onde?	Πού;	[pú]
Para onde?	Πού;	[pú]
De onde?	Από πού;	[apó pú]
Quando?	Πότε;	[póte]
Para quê?	Γιατί;	[jatí]
Por quê?	Γιατί;	[jatí]

Para quê?	Γιατί;	[jatí]
Como?	Πώς;	[pos]
Qual (~ é o problema?)	Ποιος;	[pios]
Qual (~ deles?)	Ποιος;	[pios]

A quem?	Σε ποιον;	[se pion]
De quem?	Για ποιον;	[ja pion]

| Do quê? | Για ποιο; | [ja pio] |
| Com quem? | Με ποιον; | [me pion] |

Quantos? -as?	Πόσα;	[pósa]
Quanto?	Πόσο;	[póso]
De quem? (masc.)	Ποιανού;	[pianú]

16. Preposições

com (prep.)	με	[me]
sem (prep.)	χωρίς	[xorís]
a, para (exprime lugar)	σε	[se]
sobre (ex. falar ~)	για	[ja]
antes de ...	πριν	[prin]
em frente de ...	μπροστά	[brostá]

debaixo de ...	κάτω από	[káto apó]
sobre (em cima de)	πάνω από	[páno apó]
em ..., sobre ...	σε	[se]
de, do (sou ~ Rio de Janeiro)	από	[apó]
de (feito ~ pedra)	από	[apó]

| em (~ 3 dias) | σε ... | [se ...] |
| por cima de ... | πάνω από | [páno apó] |

17. Palavras funcionais. Advérbios. Parte 1

Onde?	Πού;	[pú]
aqui	εδώ	[eðó]
lá, ali	εκεί	[ekí]

| em algum lugar | κάπου | [kápu] |
| em lugar nenhum | πουθενά | [puθená] |

| perto de ... | δίπλα | [ðípḷa] |
| perto da janela | δίπλα στο παράθυρο | [ðípḷa sto paráθiro] |

Para onde?	Πού;	[pú]
aqui	εδώ	[eðó]
para lá	εκεί	[ekí]
daqui	αποδώ	[apoðó]
de lá, dali	αποκεί	[apokí]

| perto | κοντά | [kondá] |
| longe | μακριά | [makriá] |

perto de ...	κοντά σε	[kondá se]
à mão, perto	κοντά	[kondá]
não fica longe	κοντά	[kondá]

| esquerdo (adj) | αριστερός | [aristerós] |
| à esquerda | στα αριστερά | [sta aristerá] |

para a esquerda	αριστερά	[aristerá]
direito (adj)	δεξιός	[ðeksiós]
à direita	στα δεξιά	[sta ðeksiá]
para a direita	δεξιά	[ðeksiá]
em frente	μπροστά	[brostá]
da frente	μπροστινός	[brostinós]
adiante (para a frente)	μπροστά	[brostá]
atrás de ...	πίσω	[píso]
de trás	από πίσω	[apó píso]
para trás	πίσω	[píso]
meio (m), metade (f)	μέση (θηλ.)	[mési]
no meio	στη μέση	[sti mési]
do lado	από το πλάι	[apó to plʲáj]
em todo lugar	παντού	[pandú]
por todos os lados	γύρω	[jíro]
de dentro	από μέσα	[apó mésa]
para algum lugar	κάπου	[kápu]
diretamente	κατ'ευθείαν	[katefθían]
de volta	πίσω	[píso]
de algum lugar	από οπουδήποτε	[apó opuðípote]
de algum lugar	από κάπου	[apó kápu]
em primeiro lugar	πρώτον	[próton]
em segundo lugar	δεύτερον	[ðéfteron]
em terceiro lugar	τρίτον	[tríton]
de repente	ξαφνικά	[ksafniká]
no início	στην αρχή	[stin arxí]
pela primeira vez	πρώτη φορά	[próti forá]
muito antes de ...	πολύ πριν από ...	[polí prin apó]
de novo	εκ νέου	[ek néu]
para sempre	για πάντα	[ja pánda]
nunca	ποτέ	[poté]
de novo	πάλι	[páli]
agora	τώρα	[tóra]
frequentemente	συχνά	[sixná]
então	τότε	[tóte]
urgentemente	επειγόντως	[epiɣóndos]
normalmente	συνήθως	[siníθos]
a propósito, ...	παρεμπιπτόντως, ...	[parembiptóndos]
é possível	πιθανόν	[piθanón]
provavelmente	πιθανόν	[piθanón]
talvez	ίσως	[ísos]
além disso, ...	εξάλλου ...	[eksálʲu]
por isso ...	συνεπώς	[sinepós]
apesar de ...	παρόλο που ...	[parólʲo pu]
graças a ...	χάρη σε ...	[xári se]
que (pron.)	τι	[ti]

que (conj.)	ότι	[óti]
algo	κάτι	[káti]
alguma coisa	οτιδήποτε	[otiðípote]
nada	τίποτα	[típota]

quem	ποιος	[pios]
alguém (~ que …)	κάποιος	[kápios]
alguém (com ~)	κάποιος	[kápios]

ninguém	κανένας	[kanénas]
para lugar nenhum	πουθενά	[puθená]
de ninguém	κανενός	[kanenós]
de alguém	κάποιου	[kápiu]

tão	έτσι	[étsi]
também (gostaria ~ de …)	επίσης	[epísis]
também (~ eu)	επίσης	[epísis]

18. Palavras funcionais. Advérbios. Parte 2

Por quê?	Γιατί;	[jatí]
por alguma razão	για κάποιο λόγο	[ja kápio lóɣo]
porque …	διότι …	[ðióti]
por qualquer razão	για κάποιο λόγο	[ja kápio lóɣo]

e (tu ~ eu)	και	[ke]
ou (ser ~ não ser)	ή	[i]
mas (porém)	μα	[ma]
para (~ a minha mãe)	για	[ja]

muito, demais	πάρα	[pára]
só, somente	μόνο	[móno]
exatamente	ακριβώς	[akrivós]
cerca de (~ 10 kg)	περίπου	[perípu]

aproximadamente	κατά προσέγγιση	[katá proséngisi]
aproximado (adj)	προσεγγιστικός	[prosengistikós]
quase	σχεδόν	[sxeðón]
resto (m)	υπόλοιπο (ουδ.)	[ipólipo]

cada (adj)	κάθε	[káθe]
qualquer (adj)	οποιοσδήποτε	[opiozðípote]
muitas pessoas	πολλοί	[polí]
todos	όλοι	[óli]

em troca de …	… σε αντάλλαγμα	[se andálaɣma]
em troca	σε αντάλλαγμα	[se andálaɣma]
à mão	με το χέρι	[me to xéri]
pouco provável	δύσκολα	[ðískola]

provavelmente	πιθανόν	[piθanón]
de propósito	επίτηδες	[epítiðes]
por acidente	κατά λάθος	[katá láθos]
muito	πολύ	[polí]

por exemplo	για παράδειγμα	[ja paráðiɣma]
entre	μεταξύ	[metaksí]
entre (no meio de)	ανάμεσα	[anámesa]
tanto	τόσο πολύ	[tóso polí]
especialmente	ιδιαίτερα	[iðiétera]

Conceitos básicos. Parte 2

19. Dias da semana

segunda-feira (f)	Δευτέρα (θηλ.)	[ðeftéra]
terça-feira (f)	Τρίτη (θηλ.)	[tríti]
quarta-feira (f)	Τετάρτη (θηλ.)	[tetárti]
quinta-feira (f)	Πέμπτη (θηλ.)	[pémpti]
sexta-feira (f)	Παρασκευή (θηλ.)	[paraskeví]
sábado (m)	Σάββατο (ουδ.)	[sávato]
domingo (m)	Κυριακή (θηλ.)	[kiriakí]
hoje	σήμερα	[símera]
amanhã	αύριο	[ávrio]
depois de amanhã	μεθαύριο	[meθávrio]
ontem	χθες, χτες	[xθes], [xtes]
anteontem	προχτές	[proxtés]
dia (m)	μέρα, ημέρα (θηλ.)	[méra], [iméra]
dia (m) de trabalho	εργάσιμη μέρα (θηλ.)	[eryásimi méra]
feriado (m)	αργία (θηλ.)	[arjía]
dia (m) de folga	ρεπό (ουδ.)	[repó]
fim (m) de semana	σαββατοκύριακο (ουδ.)	[savatokíriako]
o dia todo	όλη μέρα	[óli méra]
no dia seguinte	την επόμενη μέρα	[tinepómeni méra]
há dois dias	δύο μέρες πριν	[ðío méres prin]
na véspera	την παραμονή	[tin paramoní]
diário (adj)	καθημερινός	[kaθimerinós]
todos os dias	καθημερινά	[kaθimeriná]
semana (f)	εβδομάδα (θηλ.)	[evðomáða]
na semana passada	την προηγούμενη εβδομάδα	[tin proiɣúmeni evðomáða]
semana que vem	την επόμενη εβδομάδα	[tin epómeni evðomáða]
semanal (adj)	εβδομαδιαίος	[evðomaðiéos]
toda semana	εβδομαδιαία	[evðomaðiéa]
duas vezes por semana	δύο φορές την εβδομάδα	[ðío forés tinevðomáða]
toda terça-feira	κάθε Τρίτη	[káθe tríti]

20. Horas. Dia e noite

manhã (f)	πρωί (ουδ.)	[proí]
de manhã	το πρωί	[to proí]
meio-dia (m)	μεσημέρι	[mesiméri]
à tarde	το απόγευμα	[to apójevma]
tardinha (f)	βράδυ (ουδ.)	[vráði]
à tardinha	το βράδυ	[to vráði]

noite (f)	νύχτα (θηλ.)	[níxta]
à noite	τη νύχτα	[ti níxta]
meia-noite (f)	μεσάνυχτα (ουδ.πλ.)	[mesánixta]

segundo (m)	δευτερόλεπτο (ουδ.)	[ðefterólepto]
minuto (m)	λεπτό (ουδ.)	[leptó]
hora (f)	ώρα (θηλ.)	[óra]
meia hora (f)	μισή ώρα (θηλ.)	[misí óra]
quarto (m) de hora	τέταρτο (ουδ.)	[tétarto]
quinze minutos	δεκαπέντε λεπτά	[ðekapénde leptá]
vinte e quatro horas	εικοσιτετράωρο (ουδ.)	[ikositetráoro]

nascer (m) do sol	ανατολή (θηλ.)	[anatolí]
amanhecer (m)	ξημέρωμα (ουδ.)	[ksiméroma]
madrugada (f)	νωρίς το πρωί (ουδ.)	[norís to proí]
pôr-do-sol (m)	ηλιοβασίλεμα (ουδ.)	[iliovasílema]

de madrugada	νωρίς το πρωί	[norís to proí]
esta manhã	σήμερα το πρωί	[símera to proí]
amanhã de manhã	αύριο το πρωί	[ávrio to proí]

esta tarde	σήμερα το απόγευμα	[símera to apójevma]
à tarde	το απόγευμα	[to apójevma]
amanhã à tarde	αύριο το απόγευμα	[ávrio to apójevma]

esta noite, hoje à noite	απόψε	[apópse]
amanhã à noite	αύριο το βράδυ	[ávrio to vráði]

às três horas em ponto	στις τρεις ακριβώς	[stis tris akrivós]
por volta das quatro	στις τέσσερις περίπου	[stis téseris perípu]
às doze	μέχρι τις δώδεκα	[méxri tis ðóðeka]

em vinte minutos	σε είκοσι λεπτά	[se íkosi leptá]
em uma hora	σε μια ώρα	[se mia óra]
a tempo	έγκαιρα	[éngera]

... um quarto para	παρά τέταρτο	[pará tétarto]
dentro de uma hora	μέσα σε μια ώρα	[mésa se mia óra]
a cada quinze minutos	κάθε δεκαπέντε λεπτά	[káθe ðekapénde leptá]
as vinte e quatro horas	όλο το εικοσιτετράωρο	[óljo to ikositetráoro]

21. Meses. Estações

janeiro (m)	Ιανουάριος (αρ.)	[januários]
fevereiro (m)	Φεβρουάριος (αρ.)	[fevruários]
março (m)	Μάρτιος (αρ.)	[mártios]
abril (m)	Απρίλιος (αρ.)	[aprílios]
maio (m)	Μάιος (αρ.)	[májos]
junho (m)	Ιούνιος (αρ.)	[iúnios]

julho (m)	Ιούλιος (αρ.)	[iúlios]
agosto (m)	Αύγουστος (αρ.)	[ávγustos]
setembro (m)	Σεπτέμβριος (αρ.)	[septémvrios]
outubro (m)	Οκτώβριος (αρ.)	[októvrios]

| novembro (m) | Νοέμβριος (αρ.) | [noémvrios] |
| dezembro (m) | Δεκέμβριος (αρ.) | [ðekémvrios] |

primavera (f)	άνοιξη (θηλ.)	[ániksi]
na primavera	την άνοιξη	[tin ániksi]
primaveril (adj)	ανοιξιάτικος	[aniksiátikos]

verão (m)	καλοκαίρι (ουδ.)	[kalιokéri]
no verão	το καλοκαίρι	[to kalιokéri]
de verão	καλοκαιρινός	[kalιokerinós]

outono (m)	φθινόπωρο (ουδ.)	[fθinóporo]
no outono	το φθινόπωρο	[to fθinóporo]
outonal (adj)	φθινοπωρινός	[fθinoporinós]

inverno (m)	χειμώνας (αρ.)	[ximónas]
no inverno	το χειμώνα	[to ximóna]
de inverno	χειμωνιάτικος	[ximoniátikos]

mês (m)	μήνας (αρ.)	[mínas]
este mês	αυτόν το μήνα	[aftón to mína]
mês que vem	τον επόμενο μήνα	[ton epómeno mína]
no mês passado	τον προηγούμενο μήνα	[ton proiγúmeno mína]

um mês atrás	ένα μήνα πριν	[éna mína prin]
em um mês	σε ένα μήνα	[se éna mína]
em dois meses	σε δύο μήνες	[se ðío mínes]
todo o mês	ολόκληρος μήνας	[olιókliros mínas]
um mês inteiro	ολόκληρος ο μήνας	[olιókliros o mínas]

mensal (adj)	μηνιαίος	[miniéos]
mensalmente	μηνιαία	[miniéa]
todo mês	κάθε μήνα	[káθe mína]
duas vezes por mês	δύο φορές το μήνα	[ðío forés tomína]

ano (m)	χρόνος (αρ.)	[xrónos]
este ano	φέτος	[fétos]
ano que vem	του χρόνου	[tu xrónu]
no ano passado	πέρσι	[pérsi]

há um ano	ένα χρόνο πριν	[éna xróno prin]
em um ano	σε ένα χρόνο	[se éna xróno]
dentro de dois anos	σε δύο χρόνια	[se ðío xrónia]
todo o ano	ολόκληρος χρόνος	[olιókliros oxrónos]
um ano inteiro	ολόκληρος ο χρόνος	[olιókliros o xrónos]

cada ano	κάθε χρόνο	[káθe xróno]
anual (adj)	ετήσιος	[etísios]
anualmente	ετήσια	[etísia]
quatro vezes por ano	τέσσερις φορές το χρόνο	[teseris forés toxróno]

data (~ de hoje)	ημερομηνία (θηλ.)	[imerominía]
data (ex. ~ de nascimento)	ημερομηνία (θηλ.)	[imerominía]
calendário (m)	ημερολόγιο (ουδ.)	[imerolιójo]
meio ano	μισός χρόνος	[misós xrónos]
seis meses	εξάμηνο (ουδ.)	[eksámino]

| estação (f) | εποχή (θηλ.) | [epoxí] |
| século (m) | αιώνας (αρ.) | [eónas] |

22. Unidades de medida

peso (m)	βάρος (ουδ.)	[város]
comprimento (m)	μάκρος (ουδ.)	[mákros]
largura (f)	πλάτος (ουδ.)	[plʲátos]
altura (f)	ύψος (ουδ.)	[ípsos]
profundidade (f)	βάθος (ουδ.)	[váθos]
volume (m)	όγκος (αρ.)	[óngos]
área (f)	εμβαδόν (ουδ.)	[emvaðón]

grama (m)	γραμμάριο (ουδ.)	[yramário]
miligrama (m)	χιλιοστόγραμμο (ουδ.)	[xiliostóyramo]
quilograma (m)	κιλό (ουδ.)	[kilʲó]
tonelada (f)	τόνος (αρ.)	[tónos]
libra (453,6 gramas)	λίβρα (θηλ.)	[lívra]
onça (f)	ουγγιά (θηλ.)	[ungiá]

metro (m)	μέτρο (ουδ.)	[métro]
milímetro (m)	χιλιοστό (ουδ.)	[xiliostó]
centímetro (m)	εκατοστό (ουδ.)	[ekatostó]
quilômetro (m)	χιλιόμετρο (ουδ.)	[xiliómetro]
milha (f)	μίλι (ουδ.)	[míli]

polegada (f)	ίντσα (θηλ.)	[íntsa]
pé (304,74 mm)	πόδι (ουδ.)	[póði]
jarda (914,383 mm)	γιάρδα (θηλ.)	[járða]

| metro (m) quadrado | τετραγωνικό μέτρο (ουδ.) | [tetrayonikó métro] |
| hectare (m) | εκτάριο (ουδ.) | [ektário] |

litro (m)	λίτρο (ουδ.)	[lítro]
grau (m)	βαθμός (αρ.)	[vaθmós]
volt (m)	βολτ (ουδ.)	[volʲt]
ampère (m)	αμπέρ (ουδ.)	[ambér]
cavalo (m) de potência	ιπποδύναμη (θηλ.)	[ipoðínami]

quantidade (f)	ποσότητα (θηλ.)	[posótita]
um pouco de ...	λίγος ...	[líyos]
metade (f)	μισό (ουδ.)	[misó]

| dúzia (f) | δωδεκάδα (θηλ.) | [ðoðekáða] |
| peça (f) | τεμάχιο (ουδ.) | [temáxio] |

| tamanho (m), dimensão (f) | μέγεθος (ουδ.) | [méjeθos] |
| escala (f) | κλίμακα (θηλ.) | [klímaka] |

mínimo (adj)	ελάχιστος	[elʲáxistos]
menor, mais pequeno	μικρότερος	[mikróteros]
médio (adj)	μεσαίος	[meséos]
máximo (adj)	μέγιστος	[méjistos]
maior, mais grande	μεγαλύτερος	[meyalíteros]

23. Recipientes

pote (m) de vidro	βάζο (ουδ.)	[vázo]
lata (~ de cerveja)	κουτί (ουδ.)	[kutí]
balde (m)	κουβάς (αρ.)	[kuvás]
barril (m)	βαρέλι (ουδ.)	[varéli]

bacia (~ de plástico)	λεκάνη (θηλ.)	[lekáni]
tanque (m)	δεξαμενή (θηλ.)	[ðeksamení]
cantil (m) de bolso	φλασκί (ουδ.)	[fliaskí]
galão (m) de gasolina	κάνιστρο (ουδ.)	[kánistro]
cisterna (f)	δεξαμενή (θηλ.)	[ðeksamení]

caneca (f)	κούπα (θηλ.)	[kúpa]
xícara (f)	φλιτζάνι (ουδ.)	[flidzáni]
pires (m)	πιατάκι (ουδ.)	[piatáki]
copo (m)	ποτήρι (ουδ.)	[potíri]
taça (f) de vinho	κρασοπότηρο (ουδ.)	[krasopótiro]
panela (f)	κατσαρόλα (θηλ.)	[katsarólia]

garrafa (f)	μπουκάλι (ουδ.)	[bukáli]
gargalo (m)	λαιμός (αρ.)	[lemós]

jarra (f)	καράφα (θηλ.)	[karáfa]
jarro (m)	κανάτα (θηλ.)	[kanáta]
recipiente (m)	δοχείο (ουδ.)	[ðoxío]
pote (m)	πήλινο (ουδ.)	[pílino]
vaso (m)	βάζο (ουδ.)	[vázo]

frasco (~ de perfume)	μπουκαλάκι (ουδ.)	[bukaliáki]
frasquinho (m)	φιαλίδιο (ουδ.)	[fialíðio]
tubo (m)	σωληνάριο (ουδ.)	[solinário]

saco (ex. ~ de açúcar)	σακί, τσουβάλι (ουδ.)	[sakí], [tsuváli]
sacola (~ plastica)	σακούλα (θηλ.)	[sakúlia]
maço (de cigarros, etc.)	πακέτο (ουδ.)	[pakéto]

caixa (~ de sapatos, etc.)	κουτί (ουδ.)	[kutí]
caixote (~ de madeira)	κιβώτιο (ουδ.)	[kivótio]
cesto (m)	καλάθι (ουδ.)	[kaliáθi]

O SER HUMANO

O ser humano. O corpo

24. Cabeça

cabeça (f)	κεφάλι (ουδ.)	[kefáli]
rosto, cara (f)	πρόσωπο (ουδ.)	[prósopo]
nariz (m)	μύτη (θηλ.)	[míti]
boca (f)	στόμα (ουδ.)	[stóma]
olho (m)	μάτι (ουδ.)	[máti]
olhos (m pl)	μάτια (ουδ.πλ.)	[mátia]
pupila (f)	κόρη (θηλ.)	[kóri]
sobrancelha (f)	φρύδι (ουδ.)	[fríði]
cílio (f)	βλεφαρίδα (θηλ.)	[vlefaríða]
pálpebra (f)	βλέφαρο (ουδ.)	[vléfaro]
língua (f)	γλώσσα (θηλ.)	[χlʲósa]
dente (m)	δόντι (ουδ.)	[ðóndi]
lábios (m pl)	χείλη (ουδ.πλ.)	[xíli]
maçãs (f pl) do rosto	ζυγωματικά (ουδ.πλ.)	[ziγomatiká]
gengiva (f)	ούλο (ουδ.)	[úlʲo]
palato (m)	ουρανίσκος (αρ.)	[uranískos]
narinas (f pl)	ρουθούνια (ουδ.πλ.)	[ruθúnia]
queixo (m)	πηγούνι (ουδ.)	[piγúni]
mandíbula (f)	σαγόνι (ουδ.)	[saγóni]
bochecha (f)	μάγουλο (ουδ.)	[máχulʲo]
testa (f)	μέτωπο (ουδ.)	[métopo]
têmpora (f)	κρόταφος (αρ.)	[krótafos]
orelha (f)	αυτί (ουδ.)	[aftí]
costas (f pl) da cabeça	πίσω μέρος του κεφαλιού (ουδ.)	[píso méros tu kefaliú]
pescoço (m)	αυχένας , σβέρκος (αρ.)	[afxénas], [svérkos]
garganta (f)	λαιμός (αρ.)	[lemós]
cabelo (m)	μαλλιά (ουδ.πλ.)	[maliá]
penteado (m)	χτένισμα (ουδ.)	[xténizma]
corte (m) de cabelo	κούρεμα (ουδ.)	[kúrema]
peruca (f)	περούκα (θηλ.)	[perúka]
bigode (m)	μουστάκι (ουδ.)	[mustáki]
barba (f)	μούσι (ουδ.)	[músi]
ter (~ barba, etc.)	φορώ	[foró]
trança (f)	κοτσίδα (θηλ.)	[kotsíða]
suíças (f pl)	φαβορίτες (θηλ.πλ.)	[favorítes]
ruivo (adj)	κοκκινομάλλης	[kokinomális]

grisalho (adj)	γκρίζος	[grízos]
careca (adj)	φαλακρός	[falˈakrós]
calva (f)	φαλάκρα (θηλ.)	[falˈákra]

| rabo-de-cavalo (m) | αλογοουρά (θηλ.) | [alˈoɣourá] |
| franja (f) | φράντζα (θηλ.) | [frándza] |

25. Corpo humano

| mão (f) | χέρι (ουδ.) | [xéri] |
| braço (m) | χέρι (ουδ.) | [xéri] |

dedo (m)	δάχτυλο (ουδ.)	[ðáxtilˈo]
polegar (m)	αντίχειρας (αρ.)	[andíxiras]
dedo (m) mindinho	μικρό δάχτυλο (ουδ.)	[mikró ðáxtilˈo]
unha (f)	νύχι (ουδ.)	[níxi]

punho (m)	γροθιά (θηλ.)	[ɣroθxá]
palma (f)	παλάμη (θηλ.)	[palˈámi]
pulso (m)	καρπός (αρ.)	[karpós]
antebraço (m)	πήχης (αρ.)	[píxis]
cotovelo (m)	αγκώνας (αρ.)	[angónas]
ombro (m)	ώμος (αρ.)	[ómos]

perna (f)	πόδι (ουδ.)	[póði]
pé (m)	πόδι (ουδ.)	[póði]
joelho (m)	γόνατο (ουδ.)	[ɣónato]
panturrilha (f)	γάμπα (θηλ.)	[ɣámba]
quadril (m)	γοφός (αρ.)	[ɣofós]
calcanhar (m)	φτέρνα (θηλ.)	[ftérna]

corpo (m)	σώμα (ουδ.)	[sóma]
barriga (f), ventre (m)	κοιλιά (θηλ.)	[kiliá]
peito (m)	στήθος (ουδ.)	[stíθos]
seio (m)	στήθος (ουδ.)	[stíθos]
lado (m)	λαγόνα (θηλ.)	[lˈaɣóna]
costas (dorso)	πλάτη (θηλ.)	[plˈáti]
região (f) lombar	οσφυική χώρα (θηλ.)	[osfikí xóra]
cintura (f)	οσφύς (θηλ.)	[osfís]

umbigo (m)	ομφαλός (αρ.)	[omfalˈós]
nádegas (f pl)	οπίσθια (ουδ.πλ.)	[opísθxa]
traseiro (m)	πισινός (αρ.)	[pisinós]

sinal (m), pinta (f)	ελιά (θηλ.)	[eliá]
sinal (m) de nascença	σημάδι εκ γενετής (ουδ.)	[simáði ek jenetís]
tatuagem (f)	τατουάζ (ουδ.)	[tatuáz]
cicatriz (f)	ουλή (θηλ.)	[ulí]

Vestuário & Acessórios

26. Roupa exterior. Casacos

roupa (f)	ενδύματα (ουδ.πλ.)	[enðímata]
roupa (f) exterior	πανωφόρια (ουδ.πλ.)	[panofória]
roupa (f) de inverno	χειμωνιάτικα ρούχα (ουδ.πλ.)	[ximoniátika rúxa]
sobretudo (m)	παλτό (ουδ.)	[palʲtó]
casaco (m) de pele	γούνα (θηλ.)	[ɣúna]
jaqueta (f) de pele	κοντογούνι (ουδ.)	[kondoɣúni]
casaco (m) acolchoado	πουπουλένιο μπουφάν (ουδ.)	[pupulénio bufán]
casaco (m), jaqueta (f)	μπουφάν (ουδ.)	[bufán]
impermeável (m)	αδιάβροχο (ουδ.)	[aðiávroxo]
a prova d'água	αδιάβροχος	[aðiávroxos]

27. Vestuário de homem & mulher

camisa (f)	πουκάμισο (ουδ.)	[pukámiso]
calça (f)	παντελόνι (ουδ.)	[pandelʲóni]
jeans (m)	τζιν (ουδ.)	[dzin]
paletó, terno (m)	σακάκι (ουδ.)	[sakáki]
terno (m)	κοστούμι (ουδ.)	[kostúmi]
vestido (ex. ~ de noiva)	φόρεμα (ουδ.)	[fórema]
saia (f)	φούστα (θηλ.)	[fústa]
blusa (f)	μπλούζα (θηλ.)	[blʲúza]
casaco (m) de malha	ζακέτα (θηλ.)	[zakéta]
casaco, blazer (m)	σακάκι (ουδ.)	[sakáki]
camiseta (f)	μπλουζάκι (ουδ.)	[blʲuzáki]
short (m)	σορτς (ουδ.)	[sorts]
training (m)	αθλητική φόρμα (θηλ.)	[aθlitikí fórma]
roupão (m) de banho	μπουρνούζι (ουδ.)	[burnúzi]
pijama (m)	πιτζάμα (θηλ.)	[pidzáma]
suéter (m)	πουλόβερ (ουδ.)	[pulʲóver]
pulôver (m)	πουλόβερ (ουδ.)	[pulʲóver]
colete (m)	γιλέκο (ουδ.)	[ʝiléko]
fraque (m)	φράκο (ουδ.)	[fráko]
smoking (m)	σμόκιν (ουδ.)	[smókin]
uniforme (m)	στολή (θηλ.)	[stolí]
roupa (f) de trabalho	τα ρούχα της δουλειάς (ουδ.πλ.)	[ta rúxa tis ðuliás]
macacão (m)	φόρμα (θηλ.)	[fórma]
jaleco (m), bata (f)	ρόμπα (θηλ.)	[rómpa]

28. Vestuário. Roupa interior

roupa (f) íntima	εσώρουχα (ουδ.πλ.)	[esóruxa]
camiseta (f)	φανέλα (θηλ.)	[fanélʲa]
meias (f pl)	κάλτσες (θηλ.πλ.)	[kálʲtses]
camisola (f)	νυχτικό (ουδ.)	[nixtikó]
sutiã (m)	σουτιέν (ουδ.)	[sutién]
meias longas (f pl)	κάλτσες μέχρι το γόνατο (θηλ.πλ.)	[kálʲtses méxri to γónato]
meias-calças (f pl)	καλτσόν (ουδ.)	[kalʲtsón]
meias (~ de nylon)	κάλτσες (θηλ.πλ.)	[kálʲtses]
maiô (m)	μαγιό (ουδ.)	[majió]

29. Adereços de cabeça

chapéu (m), touca (f)	καπέλο (ουδ.)	[kapélʲo]
chapéu (m) de feltro	καπέλο, φεντόρα (ουδ.)	[kapélʲo], [fedóra]
boné (m) de beisebol	καπέλο του μπέιζμπολ (ουδ.)	[kapélʲo tu béjzbolʲ]
boina (~ italiana)	κασκέτο (ουδ.)	[kaskéto]
boina (ex. ~ basca)	μπερές (αρ.)	[berés]
capuz (m)	κουκούλα (θηλ.)	[kukúlʲa]
chapéu panamá (m)	παναμάς (αρ.)	[panamás]
touca (f)	πλεκτό καπέλο (ουδ.)	[plektó kapélʲo]
lenço (m)	μαντήλι (ουδ.)	[mandíli]
chapéu (m) feminino	γυναικείο καπέλο (ουδ.)	[jinekío kapélʲo]
capacete (m) de proteção	κράνος (ουδ.)	[krános]
bibico (m)	δίκοχο (ουδ.)	[ðíkoxo]
capacete (m)	κράνος (ουδ.)	[krános]
chapéu-coco (m)	μπόουλερ (αρ.)	[bóuler]
cartola (f)	ψηλό καπέλο (ουδ.)	[psilʲó kapélʲo]

30. Calçado

calçado (m)	υποδήματα (ουδ.πλ.)	[ipoðímata]
botinas (f pl), sapatos (m pl)	παπούτσια (ουδ.πλ.)	[papútsia]
sapatos (de salto alto, etc.)	γόβες (θηλ.πλ.)	[γóves]
botas (f pl)	μπότες (θηλ.πλ.)	[bótes]
pantufas (f pl)	παντόφλες (θηλ.πλ.)	[pandófles]
tênis (~ Nike, etc.)	αθλητικά (ουδ.πλ.)	[aθlitiká]
tênis (~ Converse)	αθλητικά παπούτσια (ουδ.πλ.)	[aθlitiká papútsia]
sandálias (f pl)	σανδάλια (ουδ.)	[sanðália]
sapateiro (m)	τσαγκάρης (αρ.)	[tsangáris]
salto (m)	τακούνι (ουδ.)	[takúni]
par (m)	ζευγάρι (ουδ.)	[zevγári]

cadarço (m)	κορδόνι (ουδ.)	[korðóni]
amarrar os cadarços	δένω τα κορδόνια	[ðéno ta korðónia]
calçadeira (f)	κόκκαλο παπουτσιών (ουδ.)	[kókalʲo paputsion]
graxa (f) para calçado	κρέμα παπουτσιών (θηλ.)	[kréma paputsión]

31. Acessórios pessoais

luva (f)	γάντια (ουδ.πλ.)	[ɣándia]
cachecol (m)	κασκόλ (ουδ.)	[kaskólʲ]

óculos (m pl)	γυαλιά (ουδ.πλ.)	[jaliá]
armação (f)	σκελετός (αρ.)	[skeletós]
guarda-chuva (m)	ομπρέλα (θηλ.)	[ombrélʲa]
bengala (f)	μπαστούνι (ουδ.)	[bastúni]
escova (f) para o cabelo	βούρτσα (θηλ.)	[vúrtsa]
leque (m)	βεντάλια (θηλ.)	[vendália]

gravata (f)	γραβάτα (θηλ.)	[ɣraváta]
gravata-borboleta (f)	παπιγιόν (ουδ.)	[papijón]
suspensórios (m pl)	τιράντες (θηλ.πλ.)	[tirándes]
lenço (m)	μαντήλι (ουδ.)	[mandíli]

pente (m)	χτένα (θηλ.)	[xténa]
fivela (f) para cabelo	φουρκέτα (θηλ.)	[furkéta]
grampo (m)	φουρκέτα (θηλ.)	[furkéta]
fivela (f)	πόρπη (θηλ.)	[pórpi]

cinto (m)	ζώνη (θηλ.)	[zóni]
alça (f) de ombro	λουρί (αρ.)	[lʲurí]

bolsa (f)	τσάντα (θηλ.)	[tsánda]
bolsa (feminina)	τσάντα (θηλ.)	[tsánda]
mochila (f)	σακίδιο (ουδ.)	[sakíðio]

32. Vestuário. Diversos

moda (f)	μόδα (θηλ.)	[móða]
na moda (adj)	της μόδας	[tis móðas]
estilista (m)	σχεδιαστής (αρ.)	[sxeðiastís]

colarinho (m)	γιακάς (αρ.)	[jakás]
bolso (m)	τσέπη (θηλ.)	[tsépi]
de bolso	της τσέπης	[tis tsépis]
manga (f)	μανίκι (ουδ.)	[maníki]
ganchinho (m)	θηλιά (θηλ.)	[θiliá]
bragueta (f)	φερμουάρ (ουδ.)	[fermuár]

zíper (m)	φερμουάρ (ουδ.)	[fermuár]
colchete (m)	κούμπωμα (ουδ.)	[kúmboma]
botão (m)	κουμπί (ουδ.)	[kumbí]
botoeira (casa de botão)	κουμπότρυπα (θηλ.)	[kumbótripa]
soltar-se (vr)	βγαίνω	[vjéno]

costurar (vi)	ράβω	[rávo]
bordar (vt)	κεντώ	[kendó]
bordado (m)	κέντημα (ουδ.)	[kéndima]
agulha (f)	βελόνα (θηλ.)	[velʲóna]
fio, linha (f)	κλωστή (θηλ.)	[klʲostí]
costura (f)	ραφή (θηλ.)	[rafí]

sujar-se (vr)	λερώνομαι	[lerónome]
mancha (f)	λεκές (αρ.)	[lekés]
amarrotar-se (vr)	τσαλακώνομαι	[tsalʲakónome]
rasgar (vt)	σκίζω	[skízo]
traça (f)	σκόρος (αρ.)	[skóros]

33. Cuidados pessoais. Cosméticos

pasta (f) de dente	οδοντόκρεμα (θηλ.)	[oðondókrema]
escova (f) de dente	οδοντόβουρτσα (θηλ.)	[oðondóvutsa]
escovar os dentes	πλένω τα δόντια	[pléno ta ðóndia]

gilete (f)	ξυράφι (ουδ.)	[ksiráfi]
creme (m) de barbear	κρέμα ξυρίσματος (θηλ.)	[kréma ksirízmatos]
barbear-se (vr)	ξυρίζομαι	[ksirízome]

sabonete (m)	σαπούνι (ουδ.)	[sapúni]
xampu (m)	σαμπουάν (ουδ.)	[sambuán]

tesoura (f)	ψαλίδι (ουδ.)	[psalíði]
lixa (f) de unhas	λίμα νυχιών (θηλ.)	[líma nixión]
corta-unhas (m)	νυχοκόπτης (αρ.)	[nixokóptis]
pinça (f)	τσιμπιδάκι (ουδ.)	[tsimbiðáki]

cosméticos (m pl)	καλλυντικά (ουδ.πλ.)	[kalindiká]
máscara (f)	μάσκα (θηλ.)	[máska]
manicure (f)	μανικιούρ (ουδ.)	[manikiúr]
fazer as unhas	κάνω μανικιούρ	[káno manikiúr]
pedicure (f)	πεντικιούρ (ουδ.)	[pedikiúr]

bolsa (f) de maquiagem	τσαντάκι καλλυντικών (ουδ.)	[tsandáki kalindikón]
pó (de arroz)	πούδρα (θηλ.)	[púðra]
pó (m) compacto	πουδριέρα (θηλ.)	[puðriéra]
blush (m)	ρουζ (ουδ.)	[ruz]

perfume (m)	άρωμα (ουδ.)	[ároma]
água-de-colônia (f)	κολόνια (θηλ.)	[kolʲónia]
loção (f)	λοσιόν (θηλ.)	[lʲosión]
colônia (f)	κολόνια (θηλ.)	[kolʲónia]

sombra (f) de olhos	σκιά ματιών (θηλ.)	[skiá matión]
delineador (m)	μολύβι ματιών (ουδ.)	[molívi matión]
máscara (f), rímel (m)	μάσκαρα (θηλ.)	[máskara]

batom (m)	κραγιόν (ουδ.)	[krajión]
esmalte (m)	βερνίκι νυχιών (ουδ.)	[verníki nixión]
laquê (m), spray fixador (m)	λακ μαλλιών (ουδ.)	[lʲak malión]

desodorante (m)	αποσμητικό (ουδ.)	[apozmitikó]
creme (m)	κρέμα (θηλ.)	[kréma]
creme (m) de rosto	κρέμα προσώπου (θηλ.)	[kréma prosópu]
creme (m) de mãos	κρέμα χεριών (θηλ.)	[kréma xerión]
creme (m) antirrugas	αντιρυτιδική κρέμα (θηλ.)	[andiritiðikí kréma]
creme (m) de dia	κρέμα ημέρας (θηλ.)	[kréma iméras]
creme (m) de noite	κρέμα νυκτός (θηλ.)	[kréma niktós]
absorvente (m) interno	ταμπόν (ουδ.)	[tabón]
papel (m) higiênico	χαρτί υγείας (ουδ.)	[xartí iɟías]
secador (m) de cabelo	πιστολάκι (ουδ.)	[pistolʲáki]

34. Relógios de pulso. Relógios

relógio (m) de pulso	ρολόι χειρός (ουδ.)	[rolʲój xirós]
mostrador (m)	πλάκα ρολογιού (θηλ.)	[plʲáka rolʲoɟú]
ponteiro (m)	δείκτης (αρ.)	[ðíktis]
bracelete (em aço)	μπρασελέ (ουδ.)	[braselé]
bracelete (em couro)	λουράκι (ουδ.)	[lʲuráki]
pilha (f)	μπαταρία (θηλ.)	[bataría]
acabar (vi)	εξαντλούμαι	[eksantlʲúme]
trocar a pilha	αλλάζω μπαταρία	[alʲázo bataría]
estar adiantado	πηγαίνω μπροστά	[piɟéno brostá]
estar atrasado	πηγαίνω πίσω	[piɟéno píso]
relógio (m) de parede	ρολόι τοίχου (ουδ.)	[rolʲój tíxu]
ampulheta (f)	κλεψύδρα (θηλ.)	[klepsíðra]
relógio (m) de sol	ηλιακό ρολόι (ουδ.)	[iliakó rolʲój]
despertador (m)	ξυπνητήρι (ουδ.)	[ksipnitíri]
relojoeiro (m)	ωρολογοποιός (αρ.)	[orolʲoɣopiós]
reparar (vt)	επισκευάζω	[episkevázo]

Alimentação. Nutrição

35. Comida

carne (f)	κρέας (ουδ.)	[kréas]
galinha (f)	κότα (θηλ.)	[kóta]
frango (m)	κοτόπουλο (ουδ.)	[kotópuli̯o]
pato (m)	πάπια (θηλ.)	[pápia]
ganso (m)	χήνα (θηλ.)	[xína]
caça (f)	θήραμα (ουδ.)	[θírama]
peru (m)	γαλοπούλα (θηλ.)	[ɣali̯opúli̯a]

carne (f) de porco	χοιρινό κρέας (ουδ.)	[xirinó kréas]
carne (f) de vitela	μοσχαρίσιο κρέας (ουδ.)	[mosxarísio kréas]
carne (f) de carneiro	αρνήσιο κρέας (ουδ.)	[arnísio kréas]
carne (f) de vaca	βοδινό κρέας (ουδ.)	[voðinó kréas]
carne (f) de coelho	κουνέλι (ουδ.)	[kunéli]

linguiça (f), salsichão (m)	λουκάνικο (ουδ.)	[li̯ukániko]
salsicha (f)	λουκάνικο (ουδ.)	[li̯ukániko]
bacon (m)	μπέικον (ουδ.)	[béjkon]
presunto (m)	ζαμπόν (ουδ.)	[zabón]
pernil (m) de porco	καπνιστό χοιρομέρι (ουδ.)	[kapnistó xiroméri]

patê (m)	πατέ (ουδ.)	[paté]
fígado (m)	συκώτι (ουδ.)	[sikóti]
guisado (m)	κιμάς (αρ.)	[kimás]
língua (f)	γλώσσα (θηλ.)	[ɣli̯ósa]

ovo (m)	αυγό (ουδ.)	[avɣó]
ovos (m pl)	αυγά (ουδ.πλ.)	[avɣá]
clara (f) de ovo	ασπράδι (ουδ.)	[aspráði]
gema (f) de ovo	κρόκος (αρ.)	[krókos]

peixe (m)	ψάρι (ουδ.)	[psári]
mariscos (m pl)	θαλασσινά (θηλ.πλ.)	[θali̯asiná]
caviar (m)	χαβιάρι (ουδ.)	[xaviári]

caranguejo (m)	καβούρι (ουδ.)	[kavúri]
camarão (m)	γαρίδα (θηλ.)	[ɣaríða]
ostra (f)	στρείδι (ουδ.)	[stríði]
lagosta (f)	ακανθωτός αστακός (αρ.)	[akanθotós astakós]
polvo (m)	χταπόδι (ουδ.)	[xtapóði]
lula (f)	καλαμάρι (ουδ.)	[kali̯amári]

esturjão (m)	οξύρυγχος (αρ.)	[oksírinxos]
salmão (m)	σολομός (αρ.)	[soli̯omós]
halibute (m)	ιππόγλωσσος (αρ.)	[ipóɣli̯osos]
bacalhau (m)	μπακαλιάρος (αρ.)	[bakaliáros]
cavala, sarda (f)	σκουμπρί (ουδ.)	[skumbrí]

atum (m)	τόνος (αρ.)	[tónos]
enguia (f)	χέλι (ουδ.)	[xéli]

truta (f)	πέστροφα (θηλ.)	[péstrofa]
sardinha (f)	σαρδέλα (θηλ.)	[sarðélʲa]
lúcio (m)	λούτσος (αρ.)	[lʲútsos]
arenque (m)	ρέγγα (θηλ.)	[rénga]

pão (m)	ψωμί (ουδ.)	[psomí]
queijo (m)	τυρί (ουδ.)	[tirí]
açúcar (m)	ζάχαρη (θηλ.)	[záxari]
sal (m)	αλάτι (ουδ.)	[alʲáti]

arroz (m)	ρύζι (ουδ.)	[rízi]
massas (f pl)	ζυμαρικά (ουδ.πλ.)	[zimariká]
talharim, miojo (m)	νουντλς (ουδ.πλ.)	[nudls]

manteiga (f)	βούτυρο (ουδ.)	[vútiro]
óleo (m) vegetal	φυτικό λάδι (ουδ.)	[fitikó lʲáði]
óleo (m) de girassol	ηλιέλαιο (ουδ.)	[iliéleo]
margarina (f)	μαργαρίνη (θηλ.)	[marɣaríni]

azeitonas (f pl)	ελιές (θηλ.πλ.)	[eliés]
azeite (m)	ελαιόλαδο (ουδ.)	[eleólʲaðo]

leite (m)	γάλα (ουδ.)	[ɣálʲa]
leite (m) condensado	συμπυκνωμένο γάλα (ουδ.)	[simbiknoméno ɣálʲa]
iogurte (m)	γιαούρτι (ουδ.)	[jaúrti]
creme (m) azedo	ξινή κρέμα (θηλ.)	[ksiní kréma]
creme (m) de leite	κρέμα γάλακτος (θηλ.)	[kréma ɣálʲaktos]

maionese (f)	μαγιονέζα (θηλ.)	[majonéza]
creme (m)	κρέμα (θηλ.)	[kréma]

grãos (m pl) de cereais	πλιγούρι (ουδ.)	[pliɣúri]
farinha (f)	αλεύρι (ουδ.)	[alévri]
enlatados (m pl)	κονσέρβες (θηλ.πλ.)	[konsérves]

flocos (m pl) de milho	κορν φλέικς (ουδ.πλ.)	[kornfléjks]
mel (m)	μέλι (ουδ.)	[méli]
geleia (m)	μαρμελάδα (θηλ.)	[marmelʲáða]
chiclete (m)	τσίχλα (θηλ.)	[tsíxlʲa]

36. Bebidas

água (f)	νερό (ουδ.)	[neró]
água (f) potável	πόσιμο νερό (ουδ.)	[pósimo neró]
água (f) mineral	μεταλλικό νερό (ουδ.)	[metalikó neró]

sem gás (adj)	χωρίς ανθρακικό	[xorís anθrakikó]
gaseificada (adj)	ανθρακούχος	[anθrakúxos]
com gás	ανθρακούχο	[anθrakúxo]
gelo (m)	πάγος (αρ.)	[páɣos]
com gelo	με πάγο	[me páɣo]

não alcoólico (adj)	χωρίς αλκοόλ	[xorís al'koól']
refrigerante (m)	αναψυκτικό (ουδ.)	[anapsiktikó]
refresco (m)	αναψυκτικό (ουδ.)	[anapsiktikó]
limonada (f)	λεμονάδα (θηλ.)	[lemonáða]

bebidas (f pl) alcoólicas	αλκοολούχα ποτά (ουδ.πλ.)	[al'kool'úxa potá]
vinho (m)	κρασί (ουδ.)	[krasí]
vinho (m) branco	λευκό κρασί (ουδ.)	[lefkó krasí]
vinho (m) tinto	κόκκινο κρασί (ουδ.)	[kókino krasí]

licor (m)	λικέρ (ουδ.)	[likér]
champanhe (m)	σαμπάνια (θηλ.)	[sambánia]
vermute (m)	βερμούτ (ουδ.)	[vermút]

uísque (m)	ουίσκι (ουδ.)	[wíski]
vodca (f)	βότκα (θηλ.)	[vótka]
gim (m)	τζιν (ουδ.)	[dzin]
conhaque (m)	κονιάκ (ουδ.)	[konják]
rum (m)	ρούμι (ουδ.)	[rúmi]

café (m)	καφές (αρ.)	[kafés]
café (m) preto	σκέτος καφές (αρ.)	[skétos kafés]
café (m) com leite	καφές με γάλα (αρ.)	[kafés me γál'a]
cappuccino (m)	καπουτσίνο (αρ.)	[kaputsíno]
café (m) solúvel	στιγμιαίος καφές (αρ.)	[stiɣmiéos kafes]

leite (m)	γάλα (ουδ.)	[ɣál'a]
coquetel (m)	κοκτέιλ (ουδ.)	[koktéjl']
batida (f), milkshake (m)	μιλκσέικ (ουδ.)	[mil'kséjk]

suco (m)	χυμός (αρ.)	[ximós]
suco (m) de tomate	χυμός ντομάτας (αρ.)	[ximós domátas]
suco (m) de laranja	χυμός πορτοκαλιού (αρ.)	[ximós portokaliú]
suco (m) fresco	φρέσκος χυμός (αρ.)	[fréskos ximós]

cerveja (f)	μπύρα (θηλ.)	[bíra]
cerveja (f) clara	ανοιχτόχρωμη μπύρα (θηλ.)	[anixtóxromi bíra]
cerveja (f) preta	σκούρα μπύρα (θηλ.)	[skúra bíra]

chá (m)	τσάι (ουδ.)	[tsáj]
chá (m) preto	μαύρο τσάι (ουδ.)	[mávro tsaj]
chá (m) verde	πράσινο τσάι (ουδ.)	[prásino tsaj]

37. Vegetais

| vegetais (m pl) | λαχανικά (ουδ.πλ.) | [l'axaniká] |
| verdura (f) | χόρτα (ουδ.) | [xórta] |

tomate (m)	ντομάτα (θηλ.)	[domáta]
pepino (m)	αγγούρι (ουδ.)	[angúri]
cenoura (f)	καρότο (ουδ.)	[karóto]
batata (f)	πατάτα (θηλ.)	[patáta]
cebola (f)	κρεμμύδι (ουδ.)	[kremíði]
alho (m)	σκόρδο (ουδ.)	[skórðo]

couve (f)	λάχανο (ουδ.)	[ʎáxano]
couve-flor (f)	κουνουπίδι (ουδ.)	[kunupíði]
couve-de-bruxelas (f)	λαχανάκι Βρυξελλών (ουδ.)	[ʎaxanáki vrikseʎón]
brócolis (m pl)	μπρόκολο (ουδ.)	[brókoʎo]
beterraba (f)	παντζάρι (ουδ.)	[pandzári]
berinjela (f)	μελιτζάνα (θηλ.)	[melidzána]
abobrinha (f)	κολοκύθι (ουδ.)	[koʎokíθi]
abóbora (f)	κολοκύθα (θηλ.)	[koʎokíθa]
nabo (m)	γογγύλι (ουδ.), ρέβα (θηλ.)	[ɣongíli], [réva]
salsa (f)	μαϊντανός (αρ.)	[majdanós]
endro, aneto (m)	άνηθος (αρ.)	[ániθos]
alface (f)	μαρούλι (ουδ.)	[marúli]
aipo (m)	σέλινο (ουδ.)	[sélino]
aspargo (m)	σπαράγγι (ουδ.)	[sparángi]
espinafre (m)	σπανάκι (ουδ.)	[spanáki]
ervilha (f)	αρακάς (αρ.)	[arakás]
feijão (~ soja, etc.)	κουκί (ουδ.)	[kukí]
milho (m)	καλαμπόκι (ουδ.)	[kaʎambóki]
feijão (m) roxo	κόκκινο φασόλι (ουδ.)	[kókino fasóli]
pimentão (m)	πιπεριά (θηλ.)	[piperiá]
rabanete (m)	ρεπανάκι (ουδ.)	[repanáki]
alcachofra (f)	αγκινάρα (θηλ.)	[anginára]

38. Frutos. Nozes

fruta (f)	φρούτο (ουδ.)	[frúto]
maçã (f)	μήλο (ουδ.)	[míʎo]
pera (f)	αχλάδι (ουδ.)	[axʎáði]
limão (m)	λεμόνι (ουδ.)	[lemóni]
laranja (f)	πορτοκάλι (ουδ.)	[portokáli]
morango (m)	φράουλα (θηλ.)	[fráuʎa]
tangerina (f)	μανταρίνι (ουδ.)	[mandaríni]
ameixa (f)	δαμάσκηνο (ουδ.)	[ðamáskino]
pêssego (m)	ροδάκινο (ουδ.)	[roðákino]
damasco (m)	βερίκοκο (ουδ.)	[veríkoko]
framboesa (f)	σμέουρο (ουδ.)	[zméuro]
abacaxi (m)	ανανάς (αρ.)	[ananás]
banana (f)	μπανάνα (θηλ.)	[banána]
melancia (f)	καρπούζι (ουδ.)	[karpúzi]
uva (f)	σταφύλι (ουδ.)	[stafíli]
ginja (f)	βύσσινο (ουδ.)	[vísino]
cereja (f)	κεράσι (ουδ.)	[kerási]
melão (m)	πεπόνι (ουδ.)	[pepóni]
toranja (f)	γκρέιπφρουτ (ουδ.)	[gréjpfrut]
abacate (m)	αβοκάντο (ουδ.)	[avokádo]
mamão (m)	παπάγια (θηλ.)	[papája]
manga (f)	μάγκο (ουδ.)	[mángo]

romã (f)	ρόδι (ουδ.)	[ródi]
groselha (f) vermelha	κόκκινο φραγκοστάφυλο (ουδ.)	[kókino frangostáfilʲo]
groselha (f) negra	μαύρο φραγκοστάφυλο (ουδ.)	[mávro frangostáfilʲo]
groselha (f) espinhosa	λαγοκέρασο (ουδ.)	[lʲaγokéraso]
mirtilo (m)	μύρτιλλο (ουδ.)	[mírtilʲo]
amora (f) silvestre	βατόμουρο (ουδ.)	[vatómuro]
passa (f)	σταφίδα (θηλ.)	[stafíδa]
figo (m)	σύκο (ουδ.)	[síko]
tâmara (f)	χουρμάς (αρ.)	[xurmás]
amendoim (m)	φυστίκι (ουδ.)	[fistíki]
amêndoa (f)	αμύγδαλο (ουδ.)	[amíγδalʲo]
noz (f)	καρύδι (ουδ.)	[karíδi]
avelã (f)	φουντούκι (ουδ.)	[fundúki]
coco (m)	καρύδα (θηλ.)	[karíδa]
pistaches (m pl)	φυστίκια (ουδ.πλ.)	[fistíkia]

39. Pão. Bolaria

pastelaria (f)	ζαχαροπλαστική (θηλ.)	[zaxaroplʲastikí]
pão (m)	ψωμί (ουδ.)	[psomí]
biscoito (m), bolacha (f)	μπισκότο (ουδ.)	[biskóto]
chocolate (m)	σοκολάτα (θηλ.)	[sokolʲáta]
de chocolate	σοκολατένιος	[sokolʲaténios]
bala (f)	καραμέλα (θηλ.)	[karamélʲa]
doce (bolo pequeno)	κέικ (ουδ.)	[kéjk]
bolo (m) de aniversário	τούρτα (θηλ.)	[túrta]
torta (f)	πίτα (θηλ.)	[píta]
recheio (m)	γέμιση (θηλ.)	[ʝémisi]
geleia (m)	μαρμελάδα (θηλ.)	[marmelʲáδa]
marmelada (f)	μαρμελάδα (θηλ.)	[marmelʲáδa]
wafers (m pl)	γκοφρέτες (θηλ.πλ.)	[gofrétes]
sorvete (m)	παγωτό (ουδ.)	[paγotó]

40. Pratos cozinhados

prato (m)	πιάτο (ουδ.)	[piáto]
cozinha (~ portuguesa)	κουζίνα (θηλ.)	[kuzína]
receita (f)	συνταγή (θηλ.)	[sindaʝí]
porção (f)	μερίδα (θηλ.)	[meríδa]
salada (f)	σαλάτα (θηλ.)	[salʲáta]
sopa (f)	σούπα (θηλ.)	[súpa]
caldo (m)	ζωμός (αρ.)	[zomós]
sanduíche (m)	σάντουιτς (ουδ.)	[sánduits]

ovos (m pl) fritos	τηγανητά αυγά (ουδ.πλ.)	[tiɣanitá avɣá]
hambúrguer (m)	χάμπουργκερ (ουδ.)	[xámburger]
bife (m)	μπριζόλα (θηλ.)	[brizólʲa]

acompanhamento (m)	συνοδευτικό πιάτο (ουδ.)	[sinoðeftikó piáto]
espaguete (m)	σπαγγέτι (ουδ.)	[spagéti]
purê (m) de batata	πουρές (αρ.)	[purés]
pizza (f)	πίτσα (θηλ.)	[pítsa]
omelete (f)	ομελέτα (θηλ.)	[omeléta]

fervido (adj)	βραστός	[vrastós]
defumado (adj)	καπνιστός	[kapnistós]
frito (adj)	τηγανητός	[tiɣanitós]
seco (adj)	αποξηραμένος	[apoksiraménos]
congelado (adj)	κατεψυγμένος	[katepsiɣménos]
em conserva (adj)	τουρσί	[tursí]

doce (adj)	γλυκός	[ɣlikós]
salgado (adj)	αλμυρός	[alʲmirós]
frio (adj)	κρύος	[kríos]
quente (adj)	ζεστός	[zestós]
amargo (adj)	πικρός	[pikrós]
gostoso (adj)	νόστιμος	[nóstimos]

cozinhar em água fervente	βράζω	[vrázo]
preparar (vt)	μαγειρεύω	[majirévo]
fritar (vt)	τηγανίζω	[tiɣanízo]
aquecer (vt)	ζεσταίνω	[zesténo]

salgar (vt)	αλατίζω	[alʲatízo]
apimentar (vt)	πιπερώνω	[piperóno]
ralar (vt)	τρίβω	[trívo]
casca (f)	φλούδα (θηλ.)	[flʲúða]
descascar (vt)	καθαρίζω	[kaθarízo]

41. Especiarias

sal (m)	αλάτι (ουδ.)	[alʲáti]
salgado (adj)	αλμυρός	[alʲmirós]
salgar (vt)	αλατίζω	[alʲatízo]

pimenta-do-reino (f)	μαύρο πιπέρι (ουδ.)	[mávro pipéri]
pimenta (f) vermelha	κόκκινο πιπέρι (ουδ.)	[kókino pipéri]
mostarda (f)	μουστάρδα (θηλ.)	[mustárða]
raiz-forte (f)	χρένο (ουδ.)	[xréno]

condimento (m)	μπαχαρικό (ουδ.)	[baxarikó]
especiaria (f)	καρύκευμα (ουδ.)	[karíkevma]
molho (~ inglês)	σάλτσα (θηλ.)	[sálʲtsa]
vinagre (m)	ξίδι (ουδ.)	[ksíði]

anis estrelado (m)	γλυκάνισος (αρ.)	[ɣlikánisos]
manjericão (m)	βασιλικός (αρ.)	[vasilikós]
cravo (m)	γαρίφαλο (ουδ.)	[ɣarífalʲo]

gengibre (m)	πιπερόριζα (θηλ.)	[piperóriza]
coentro (m)	κόλιανδρος (αρ.)	[kólianðros]
canela (f)	κανέλα (θηλ.)	[kanélʲa]

gergelim (m)	σουσάμι (ουδ.)	[susámi]
folha (f) de louro	φύλλο δάφνης (ουδ.)	[fílʲo ðáfnis]
páprica (f)	πάπρικα (θηλ.)	[páprika]
cominho (m)	κύμινο (ουδ.)	[kímino]
açafrão (m)	σαφράν (ουδ.)	[safrán]

42. Refeições

| comida (f) | τροφή (θηλ.), φαγητό (ουδ.) | [trofí], [fajitó] |
| comer (vt) | τρώω | [tróo] |

café (m) da manhã	πρωινό (ουδ.)	[proinó]
tomar café da manhã	παίρνω πρωινό	[pérno proinó]
almoço (m)	μεσημεριανό (ουδ.)	[mesimerianó]
almoçar (vi)	τρώω μεσημεριανό	[tróo mesimerianó]

| jantar (m) | δείπνο (ουδ.) | [ðípno] |
| jantar (vi) | τρώω βραδινό | [tróo vraðinó] |

| apetite (m) | όρεξη (θηλ.) | [óreksi] |
| Bom apetite! | Καλή όρεξη! | [kalí óreksi] |

abrir (~ uma lata, etc.)	ανοίγω	[aníyo]
derramar (~ líquido)	χύνω	[xíno]
derramar-se (vr)	χύνομαι	[xínome]

ferver (vi)	βράζω	[vrázo]
ferver (vt)	βράζω	[vrázo]
fervido (adj)	βρασμένος	[vrazménos]

| esfriar (vt) | κρυώνω | [krióno] |
| esfriar-se (vr) | κρυώνω | [krióno] |

| sabor, gosto (m) | γεύση (θηλ.) | [jéfsi] |
| fim (m) de boca | επίγευση (θηλ.) | [epíjefsi] |

emagrecer (vi)	αδυνατίζω	[aðinatízo]
dieta (f)	δίαιτα (θηλ.)	[ðíeta]
vitamina (f)	βιταμίνη (θηλ.)	[vitamíni]
caloria (f)	θερμίδα (θηλ.)	[θermíða]

| vegetariano (m) | χορτοφάγος (αρ.) | [xortofáyos] |
| vegetariano (adj) | χορτοφάγος | [xortofáyos] |

gorduras (f pl)	λίπη (ουδ.πλ.)	[lípi]
proteínas (f pl)	πρωτεΐνες (θηλ.πλ.)	[proteínes]
carboidratos (m pl)	υδατάνθρακες (αρ.πλ.)	[iðatánθrakes]
fatia (~ de limão, etc.)	φέτα (θηλ.)	[féta]
pedaço (~ de bolo)	κομμάτι (ουδ.)	[komáti]
migalha (f), farelo (m)	ψίχουλο (ουδ.)	[psíxulʲo]

43. Por a mesa

colher (f)	κουτάλι (ουδ.)	[kutáli]
faca (f)	μαχαίρι (ουδ.)	[maxéri]
garfo (m)	πιρούνι (ουδ.)	[pirúni]

xícara (f)	φλιτζάνι (ουδ.)	[flidzáni]
prato (m)	πιάτο (ουδ.)	[piáto]
pires (m)	πιατάκι (ουδ.)	[piatáki]
guardanapo (m)	χαρτοπετσέτα (θηλ.)	[xartopetséta]
palito (m)	οδοντογλυφίδα (θηλ.)	[oðondoɣlifíða]

44. Restaurante

restaurante (m)	εστιατόριο (ουδ.)	[estiatório]
cafeteria (f)	καφετέρια (θηλ.)	[kafetéria]
bar (m), cervejaria (f)	μπαρ (ουδ.), μπυραρία (θηλ.)	[bar], [biraría]
salão (m) de chá	τσαγερί (θηλ.)	[tsaɟerí]

garçom (m)	σερβιτόρος (αρ.)	[servitóros]
garçonete (f)	σερβιτόρα (θηλ.)	[servitóra]
barman (m)	μπάρμαν (αρ.)	[bárman]

cardápio (m)	κατάλογος (αρ.)	[katálⁱoɣos]
lista (f) de vinhos	κατάλογος κρασιών (αρ.)	[katálⁱoɣos krasión]
reservar uma mesa	κλείνω τραπέζι	[klíno trapézi]

prato (m)	πιάτο (ουδ.)	[piáto]
pedir (vt)	παραγγέλνω	[parangélⁱno]
fazer o pedido	κάνω παραγγελία	[káno parangelía]

aperitivo (m)	απεριτίφ (ουδ.)	[aperitíf]
entrada (f)	ορεκτικό (ουδ.)	[orektikó]
sobremesa (f)	επιδόρπιο (ουδ.)	[epiðórpio]

conta (f)	λογαριασμός (αρ.)	[lⁱoɣariazmós]
pagar a conta	πληρώνω λογαριασμό	[pliróno lⁱoɣariazmó]
dar o troco	δίνω τα ρέστα	[ðíno ta résta]
gorjeta (f)	πουρμπουάρ (ουδ.)	[purbuár]

Família, parentes e amigos

45. Informação pessoal. Formulários

nome (m)	όνομα (ουδ.)	[ónoma]
sobrenome (m)	επώνυμο (ουδ.)	[epónimo]
data (f) de nascimento	ημερομηνία γέννησης (θηλ.)	[imerominía jénisis]
local (m) de nascimento	τόπος γέννησης (αρ.)	[tópos jénisis]
nacionalidade (f)	εθνικότητα (θηλ.)	[eθnikótita]
lugar (m) de residência	τόπος διαμονής (αρ.)	[tópos ðiamonís]
país (m)	χώρα (θηλ.)	[xóra]
profissão (f)	επάγγελμα (ουδ.)	[epángeljma]
sexo (m)	φύλο (ουδ.)	[fíljo]
estatura (f)	ύψος, μπόι (ουδ.)	[ípsos], [bói]
peso (m)	βάρος (ουδ.)	[város]

46. Membros da família. Parentes

mãe (f)	μητέρα (θηλ.)	[mitéra]
pai (m)	πατέρας (αρ.)	[patéras]
filho (m)	γιός (αρ.)	[jos]
filha (f)	κόρη (θηλ.)	[kóri]
caçula (f)	μικρότερη κόρη (ουδ.)	[mikróteri kóri]
caçula (m)	μικρότερος γιός (αρ.)	[mikróteros jos]
filha (f) mais velha	μεγαλύτερη κόρη (θηλ.)	[meɣalíteri kóri]
filho (m) mais velho	μεγαλύτερος γιός (αρ.)	[meɣalíteros jiós]
irmão (m)	αδερφός (αρ.)	[aðerfós]
irmã (f)	αδερφή (θηλ.)	[aðerfí]
primo (m)	ξάδερφος (αρ.)	[ksáðerfos]
prima (f)	ξαδέρφη (θηλ.)	[ksaðérfi]
mamãe (f)	μαμά (θηλ.)	[mamá]
papai (m)	μπαμπάς (αρ.)	[babás]
pais (pl)	γονείς (αρ.πλ.)	[ɣonís]
criança (f)	παιδί (ουδ.)	[peðí]
crianças (f pl)	παιδιά (ουδ.πλ.)	[peðiá]
avó (f)	γιαγιά (θηλ.)	[jajá]
avô (m)	παπούς (αρ.)	[papús]
neto (m)	εγγονός (αρ.)	[engonós]
neta (f)	εγγονή (θηλ.)	[engoní]
netos (pl)	εγγόνια (ουδ.πλ.)	[engónia]
tio (m)	θείος (αρ.)	[θíos]
tia (f)	θεία (θηλ.)	[θía]

sobrinho (m)	ανιψιός (αρ.)	[anipsiós]
sobrinha (f)	ανιψιά (θηλ.)	[anipsiá]

sogra (f)	πεθερά (θηλ.)	[peθerá]
sogro (m)	πεθερός (αρ.)	[peθerós]
genro (m)	γαμπρός (αρ.)	[γambrós]
madrasta (f)	μητριά (θηλ.)	[mitriá]
padrasto (m)	πατριός (αρ.)	[patriós]

criança (f) de colo	βρέφος (ουδ.)	[vréfos]
bebê (m)	βρέφος (ουδ.)	[vréfos]
menino (m)	νήπιο (ουδ.)	[nípio]

mulher (f)	γυναίκα (θηλ.)	[jinéka]
marido (m)	άνδρας (αρ.)	[ánðras]
esposo (m)	σύζυγος (αρ.)	[síziγos]
esposa (f)	σύζυγος (θηλ.)	[síziγos]

casado (adj)	παντρεμένος	[pandreménos]
casada (adj)	παντρεμένη	[pandreméni]
solteiro (adj)	ανύπαντρος	[anípandros]
solteirão (m)	εργένης (αρ.)	[erjénis]
divorciado (adj)	χωρισμένος	[xorizménos]
viúva (f)	χήρα (θηλ.)	[xíra]
viúvo (m)	χήρος (αρ.)	[xíros]

parente (m)	συγγενής (αρ.)	[singenís]
parente (m) próximo	κοντινός συγγενής (αρ.)	[kondinós singenís]
parente (m) distante	μακρινός συγγενής (αρ.)	[makrinós singenís]
parentes (m pl)	συγγενείς (αρ.πλ.)	[singenís]

órfão (m), órfã (f)	ορφανό (ουδ.)	[orfanó]
tutor (m)	κηδεμόνας (αρ.)	[kiðemónas]
adotar (um filho)	υιοθετώ	[ioθetó]
adotar (uma filha)	υιοθετώ	[ioθetó]

Medicina

47. Doenças

doença (f)	αρρώστια (θηλ.)	[aróstia]
estar doente	είμαι άρρωστος	[íme árostos]
saúde (f)	υγεία (θηλ.)	[ijía]

nariz (m) escorrendo	συνάχι (ουδ.)	[sináxi]
amigdalite (f)	αμυγδαλίτιδα (θηλ.)	[amiɣðalítiða]
resfriado (m)	κρυολόγημα (ουδ.)	[kriolˈójima]
ficar resfriado	κρυολογώ	[kriolˈoɣó]

bronquite (f)	βρογχίτιδα (θηλ.)	[vronxítiða]
pneumonia (f)	πνευμονία (θηλ.)	[pnevmonía]
gripe (f)	γρίπη (θηλ.)	[ɣrípi]

míope (adj)	μύωπας	[míopas]
presbita (adj)	πρεσβύωπας	[prezvíopas]
estrabismo (m)	στραβισμός (αρ.)	[stravizmós]
estrábico, vesgo (adj)	αλλήθωρος	[alíθoros]
catarata (f)	καταρράκτης (αρ.)	[kataráktis]
glaucoma (m)	γλαύκωμα (ουδ.)	[ɣlˈáfkoma]

AVC (m), apoplexia (f)	αποπληξία (θηλ.)	[apopliksía]
ataque (m) cardíaco	έμφραγμα (ουδ.)	[émfraɣma]
enfarte (m) do miocárdio	έμφραγμα του μυοκαρδίου (ουδ.)	[émfraɣma tu miokarðíu]

paralisia (f)	παράλυση (θηλ.)	[parálisi]
paralisar (vt)	παραλύω	[paralío]

alergia (f)	αλλεργία (θηλ.)	[alerjía]
asma (f)	άσθμα (ουδ.)	[ásθma]
diabetes (f)	διαβήτης (αρ.)	[ðiavítis]

dor (f) de dente	πονόδοντος (αρ.)	[ponóðondos]
cárie (f)	τερηδόνα (θηλ.)	[teriðóna]

diarreia (f)	διάρροια (θηλ.)	[ðiária]
prisão (f) de ventre	δυσκοιλιότητα (θηλ.)	[ðiskiliótita]
desarranjo (m) intestinal	στομαχική διαταραχή (θηλ.)	[stomaxikí ðiataraxí]
intoxicação (f) alimentar	τροφική δηλητηρίαση (θηλ.)	[trofikí ðilitiríasi]
intoxicar-se	δηλητηριάζομαι	[ðilitiriázome]

artrite (f)	αρθρίτιδα (θηλ.)	[arθrítiða]
raquitismo (m)	ραχίτιδα (θηλ.)	[raxítiða]
reumatismo (m)	ρευματισμοί (αρ.πλ.)	[revmatizmí]
arteriosclerose (f)	αθηροσκλήρωση (θηλ.)	[aθirosklírosi]
gastrite (f)	γαστρίτιδα (θηλ.)	[ɣastrítiða]
apendicite (f)	σκωληκοειδίτιδα (θηλ.)	[skolikoiðítiða]

| colecistite (f) | χολοκυστίτιδα (θηλ.) | [xolʲokistítiða] |
| úlcera (f) | έλκος (ουδ.) | [élʲkos] |

sarampo (m)	ιλαρά (θηλ.)	[ilʲará]
rubéola (f)	ερυθρά (θηλ.)	[eriθrá]
icterícia (f)	ίκτερος (αρ.)	[íkteros]
hepatite (f)	ηπατίτιδα (θηλ.)	[ipatítiða]

esquizofrenia (f)	σχιζοφρένεια (θηλ.)	[sxizofrénia]
raiva (f)	λύσσα (θηλ.)	[lísa]
neurose (f)	νεύρωση (θηλ.)	[névrosi]
contusão (f) cerebral	διάσειση (θηλ.)	[ðiásisi]

câncer (m)	καρκίνος (αρ.)	[karkínos]
esclerose (f)	σκλήρυνση (θηλ.)	[sklírinsi]
esclerose (f) múltipla	σκλήρυνση κατά πλάκας (θηλ.)	[sklírinsi kataplʲákas]

alcoolismo (m)	αλκοολισμός (αρ.)	[alʲkoolizmós]
alcoólico (m)	αλκοολικός (αρ.)	[alʲkoolikós]
sífilis (f)	σύφιλη (θηλ.)	[sífili]
AIDS (f)	AIDS (ουδ.)	[ejds]

tumor (m)	όγκος (αρ.)	[óngos]
maligno (adj)	κακοήθης	[kakoíθis]
benigno (adj)	καλοήθης	[kalʲoíθis]

febre (f)	πυρετός (αρ.)	[piretós]
malária (f)	ελονοσία (θηλ.)	[elʲonosía]
gangrena (f)	γάγγραινα (θηλ.)	[ɣángrena]
enjoo (m)	ναυτία (θηλ.)	[naftía]
epilepsia (f)	επιληψία (θηλ.)	[epilipsía]

epidemia (f)	επιδημία (θηλ.)	[epiðimía]
tifo (m)	τύφος (αρ.)	[tífos]
tuberculose (f)	φυματίωση (θηλ.)	[fimatíosi]
cólera (f)	χολέρα (θηλ.)	[xoléra]
peste (f) bubônica	πανούκλα (θηλ.)	[panúklʲa]

48. Sintomas. Tratamentos. Parte 1

sintoma (m)	σύμπτωμα (ουδ.)	[símptoma]
temperatura (f)	θερμοκρασία (θηλ.)	[θermokrasía]
febre (f)	υψηλή θερμοκρασία (θηλ.)	[ipsilí θermokrasía]
pulso (m)	παλμός (αρ.)	[palʲmós]

vertigem (f)	ίλιγγος (αρ.)	[ílingos]
quente (testa, etc.)	ζεστός	[zestós]
calafrio (m)	ρίγος (ουδ.)	[ríɣos]
pálido (adj)	χλομός	[xlʲomós]

tosse (f)	βήχας (αρ.)	[víxas]
tossir (vi)	βήχω	[víxo]
espirrar (vi)	φτερνίζομαι	[fternízome]

desmaio (m)	λιποθυμία (θηλ.)	[lipoθimía]
desmaiar (vi)	λιποθυμώ	[lipoθimó]

mancha (f) preta	μελανιά (θηλ.)	[melʲaniá]
galo (m)	καρούμπαλο (ουδ.)	[karúmbalʲo]
machucar-se (vr)	χτυπάω	[xtipáo]
contusão (f)	μώλωπας (αρ.)	[mólʲopas]
machucar-se (vr)	χτυπάω	[xtipáo]

mancar (vi)	κουτσαίνω	[kutséno]
deslocamento (f)	εξάρθρημα (ουδ.)	[eksárθrima]
deslocar (vt)	εξαρθρώνω	[eksaθróno]
fratura (f)	κάταγμα (ουδ.)	[kátaγma]
fraturar (vt)	παθαίνω κάταγμα	[paθéno kátaγma]

corte (m)	κόψιμο, σχίσιμο (ουδ.)	[kópsimo], [sxísimo]
cortar-se (vr)	κόβομαι	[kóvome]
hemorragia (f)	αιμορραγία (θηλ.)	[emoraⱼía]

queimadura (f)	έγκαυμα (ουδ.)	[éngavma]
queimar-se (vr)	καίγομαι	[kéγome]

picar (vt)	τρυπώ	[tripó]
picar-se (vr)	τρυπώ	[tripó]
lesionar (vt)	τραυματίζω	[travmatízo]
lesão (m)	τραυματισμός (αρ.)	[travmatizmós]
ferida (f), ferimento (m)	πληγή (θηλ.)	[pliⱼí]
trauma (m)	τραύμα (ουδ.)	[trávma]

delirar (vi)	παραμιλώ	[paramilʲó]
gaguejar (vi)	τραυλίζω	[travlízo]
insolação (f)	ηλίαση (θηλ.)	[ilíasi]

49. Sintomas. Tratamentos. Parte 2

dor (f)	πόνος (αρ.)	[pónos]
farpa (no dedo, etc.)	ακίδα (θηλ.)	[akíða]

suor (m)	ιδρώτας (αρ.)	[iðrótas]
suar (vi)	ιδρώνω	[iðróno]
vômito (m)	εμετός (αρ.)	[emetós]
convulsões (f pl)	σπασμοί (αρ.πλ.)	[spazmí]

grávida (adj)	έγκυος	[éngios]
nascer (vi)	γεννιέμαι	[jeniéme]
parto (m)	γέννα (θηλ.)	[jéna]
dar à luz	γεννάω	[jenáo]
aborto (m)	έκτρωση (θηλ.)	[éktrosi]

respiração (f)	αναπνοή (θηλ.)	[anapnoí]
inspiração (f)	εισπνοή (θηλ.)	[ispnoí]
expiração (f)	εκπνοή (θηλ.)	[ekpnoí]
expirar (vi)	εκπνέω	[ekpnéo]
inspirar (vi)	εισπνέω	[ispnéo]

inválido (m)	ανάπηρος (αρ.)	[anápiros]
aleijado (m)	σακάτης (αρ.)	[sakátis]
drogado (m)	ναρκομανής (αρ.)	[narkomanís]

surdo (adj)	κουφός, κωφός	[kufós], [kofós]
mudo (adj)	μουγγός	[mungós]
surdo-mudo (adj)	κωφάλαλος	[kofálialios]

louco, insano (adj)	τρελός	[treliós]
louco (m)	τρελός (αρ.)	[treliós]
louca (f)	τρελή (θηλ.)	[trelí]
ficar louco	τρελαίνομαι	[trelénome]

gene (m)	γονίδιο (ουδ.)	[γonídio]
imunidade (f)	ανοσία (θηλ.)	[anosía]
hereditário (adj)	κληρονομικός	[klironomikós]
congênito (adj)	συγγενής	[singenís]

vírus (m)	ιός (αρ.)	[jos]
micróbio (m)	μικρόβιο (ουδ.)	[mikróvio]
bactéria (f)	βακτήριο (ουδ.)	[vaktírio]
infecção (f)	μόλυνση (θηλ.)	[mólinsi]

50. Sintomas. Tratamentos. Parte 3

hospital (m)	νοσοκομείο (ουδ.)	[nosokomío]
paciente (m)	ασθενής (αρ.)	[asθenís]

diagnóstico (m)	διάγνωση (θηλ.)	[ðiáγnosi]
cura (f)	θεραπεία (θηλ.)	[θerapía]
tratamento (m) médico	ιατρική περίθαλψη (θηλ.)	[jatrikí períθalipsi]
curar-se (vr)	θεραπεύομαι	[θerapévume]
tratar (vt)	περιποιούμαι	[peripiúme]
cuidar (pessoa)	φροντίζω	[frondízo]
cuidado (m)	φροντίδα (θηλ.)	[frondíða]

operação (f)	εγχείρηση (θηλ.)	[enxírisi]
enfaixar (vt)	επιδένω	[epiðéno]
enfaixamento (m)	επίδεση (θηλ.)	[epíðesi]

vacinação (f)	εμβόλιο (ουδ.)	[emvólio]
vacinar (vt)	εμβολιάζω	[emvoliázo]
injeção (f)	ένεση (θηλ.)	[énesi]
dar uma injeção	κάνω ένεση	[káno énesi]

amputação (f)	ακρωτηριασμός (αρ.)	[akrotiriazmós]
amputar (vt)	ακρωτηριάζω	[akrotiriázo]
coma (f)	κώμα (ουδ.)	[kóma]
estar em coma	βρίσκομαι σε κώμα	[vrískome se kóma]
reanimação (f)	εντατική (θηλ.)	[endatikí]

recuperar-se (vr)	αναρρώνω	[anaróno]
estado (~ de saúde)	κατάσταση (θηλ.)	[katástasi]
consciência (perder a ~)	αισθήσεις (θηλ.πλ.)	[esθísis]

memória (f)	μνήμη (θηλ.)	[mními]
tirar (vt)	βγάζω	[vγázo]
obturação (f)	σφράγισμα (ουδ.)	[sfrájizma]
obturar (vt)	σφραγίζω	[sfrajízo]

hipnose (f)	ύπνωση (θηλ.)	[ípnosi]
hipnotizar (vt)	υπνωτίζω	[ipnotízo]

51. Médicos

médico (m)	γιατρός (αρ.)	[jatrós]
enfermeira (f)	νοσοκόμα (θηλ.)	[nosokóma]
médico (m) pessoal	προσωπικός γιατρός (αρ.)	[prosopikós jatrós]

dentista (m)	οδοντίατρος (αρ.)	[oðondíatros]
oculista (m)	οφθαλμίατρος (αρ.)	[ofθalʲmíatros]
terapeuta (m)	παθολόγος (αρ.)	[paθolʲóγos]
cirurgião (m)	χειρουργός (αρ.)	[xirurγós]

psiquiatra (m)	ψυχίατρος (αρ.)	[psixíatros]
pediatra (m)	παιδίατρος (αρ.)	[peðíatros]
psicólogo (m)	ψυχολόγος (αρ.)	[psixolʲóγos]
ginecologista (m)	γυναικολόγος (αρ.)	[jinekolʲóγos]
cardiologista (m)	καρδιολόγος (αρ.)	[karðiolʲóγos]

52. Medicina. Drogas. Acessórios

medicamento (m)	φάρμακο (ουδ.)	[fármako]
remédio (m)	θεραπεία (θηλ.)	[θerapía]
receitar (vt)	γράφω	[γráfo]
receita (f)	συνταγή (θηλ.)	[sindají]

comprimido (m)	χάπι (ουδ.)	[xápi]
unguento (m)	αλοιφή (θηλ.)	[alifí]
ampola (f)	αμπούλα (θηλ.)	[ambúlʲa]
solução, preparado (m)	διάλυμα (ουδ.)	[ðiálima]
xarope (m)	σιρόπι (ουδ.)	[sirópi]
cápsula (f)	κάψουλα (θηλ.)	[kápsulʲa]
pó (m)	σκόνη (θηλ.)	[skóni]

atadura (f)	επίδεσμος (αρ.)	[epídezmos]
algodão (m)	χειρουργικό βαμβάκι (ουδ.)	[xirurjikó vamváki]
iodo (m)	ιώδιο (ουδ.)	[ióðio]

curativo (m) adesivo	τσιρότο (ουδ.)	[tsiróto]
conta-gotas (m)	σταγονόμετρο (ουδ.)	[staγonómetro]
termômetro (m)	θερμόμετρο (ουδ.)	[θermómetro]
seringa (f)	σύριγγα (θηλ.)	[síringa]

cadeira (f) de rodas	αναπηρικό καροτσάκι (ουδ.)	[anapirikó karotsáki]
muletas (f pl)	πατερίτσες (θηλ.πλ.)	[paterítses]
analgésico (m)	αναλγητικό (ουδ.)	[analʲjitikó]

laxante (m)	καθαρτικό (ουδ.)	[kaθartikó]
álcool (m)	οινόπνευμα (ουδ.)	[inópnevma]
ervas (f pl) medicinais	θεραπευτικά βότανα (ουδ.πλ.)	[θerapeftiká vótana]
de ervas (chá ~)	από βότανα	[apó vótana]

HABITAT HUMANO

Cidade

53. Cidade. Vida na cidade

cidade (f)	πόλη (θηλ.)	[póli]
capital (f)	πρωτεύουσα (θηλ.)	[protévusa]
aldeia (f)	χωριό (ουδ.)	[xorió]
mapa (m) da cidade	χάρτης πόλης (αρ.)	[xártis pólis]
centro (m) da cidade	κέντρο της πόλης (ουδ.)	[kéndro tis pólis]
subúrbio (m)	προάστιο (ουδ.)	[proástio]
suburbano (adj)	προαστιακός	[proastiakós]
periferia (f)	προάστια (ουδ.πλ.)	[proástia]
arredores (m pl)	περίχωρα (πλ.)	[períxora]
quarteirão (m)	συνοικία (θηλ.)	[sinikía]
quarteirão (m) residencial	οικιστικό τετράγωνο (ουδ.)	[ikistikó tetráɣono]
tráfego (m)	κίνηση (θηλ.)	[kínisi]
semáforo (m)	φανάρι (ουδ.)	[fanári]
transporte (m) público	δημόσιες συγκοινωνίες (θηλ.πλ.)	[ðimósies singinoníes]
cruzamento (m)	διασταύρωση (θηλ.)	[ðiastávrosi]
faixa (f)	διάβαση πεζών (θηλ.)	[ðiávasi pezón]
túnel (m) subterrâneo	υπόγεια διάβαση (θηλ.)	[ipójia ðiávasi]
cruzar, atravessar (vt)	περνάω, διασχίζω	[pernáo], [ðiasxízo]
pedestre (m)	πεζός (αρ.)	[pezós]
calçada (f)	πεζοδρόμιο (ουδ.)	[pezoðrómio]
ponte (f)	γέφυρα (θηλ.)	[jéfira]
margem (f) do rio	προκυμαία (θηλ.)	[prokiméa]
fonte (f)	κρήνη (θηλ.)	[kríni]
alameda (f)	αλέα (θηλ.)	[aléa]
parque (m)	πάρκο (ουδ.)	[párko]
bulevar (m)	λεωφόρος (θηλ.)	[leofóros]
praça (f)	πλατεία (θηλ.)	[plʲatía]
avenida (f)	λεωφόρος (θηλ.)	[leofóros]
rua (f)	δρόμος (αρ.)	[ðrómos]
travessa (f)	παράδρομος (αρ.)	[paráðromos]
beco (m) sem saída	αδιέξοδο (ουδ.)	[aðiéksoðo]
casa (f)	σπίτι (ουδ.)	[spíti]
edifício, prédio (m)	κτίριο (ουδ.)	[ktírio]
arranha-céu (m)	ουρανοξύστης (αρ.)	[uranoksístis]
fachada (f)	πρόσοψη (θηλ.)	[prósopsi]

telhado (m)	στέγη (θηλ.)	[stéji]
janela (f)	παράθυρο (ουδ.)	[paráθiro]
arco (m)	αψίδα (θηλ.)	[apsíða]
coluna (f)	κολόνα (θηλ.)	[kolʲóna]
esquina (f)	γωνία (θηλ.)	[ɣonía]

vitrine (f)	βιτρίνα (θηλ.)	[vitrína]
letreiro (m)	ταμπέλα (θηλ.)	[tabélʲa]
cartaz (do filme, etc.)	αφίσα (θηλ.)	[afísa]
cartaz (m) publicitário	διαφημιστική αφίσα (θηλ.)	[ðiafimistikí afísa]
painel (m) publicitário	διαφημιστική πινακίδα (θηλ.)	[ðiafimistikí pinakíða]

lixo (m)	σκουπίδια (ουδ.πλ.)	[skupíðia]
lata (f) de lixo	σκουπιδοτενεκές (αρ.)	[skupiðotenekés]
jogar lixo na rua	λερώνω με σκουπίδια	[leróno me skupíðia]
aterro (m) sanitário	χωματερή (θηλ.)	[xomaterí]

orelhão (m)	τηλεφωνικός θάλαμος (αρ.)	[tilefonikós θálʲamos]
poste (m) de luz	φανοστάτης (αρ.)	[fanostátis]
banco (m)	παγκάκι (ουδ.)	[pangáki]

polícia (m)	αστυνομικός (αρ.)	[astinomikós]
polícia (instituição)	αστυνομία (θηλ.)	[astinomía]
mendigo, pedinte (m)	ζητιάνος (αρ.)	[zitiános]
desabrigado (m)	άστεγος (αρ.)	[ásteɣos]

54. Instituições urbanas

loja (f)	κατάστημα (ουδ.)	[katástima]
drogaria (f)	φαρμακείο (ουδ.)	[farmakío]
ótica (f)	κατάστημα οπτικών (ουδ.)	[katástima optikón]
centro (m) comercial	εμπορικό κέντρο (ουδ.)	[emborikó kéndro]
supermercado (m)	σουπερμάρκετ (ουδ.)	[supermárket]

padaria (f)	αρτοπωλείο (ουδ.)	[artopolío]
padeiro (m)	φούρναρης (αρ.)	[fúrnaris]
pastelaria (f)	ζαχαροπλαστείο (ουδ.)	[zaxaroplʲastío]
mercearia (f)	μπακάλικο (ουδ.)	[bakáliko]
açougue (m)	κρεοπωλείο (ουδ.)	[kreopolío]

fruteira (f)	μανάβικο (ουδ.)	[manáviko]
mercado (m)	αγορά, λαϊκή (θηλ.)	[aɣorá], [lʲajkí]

cafeteria (f)	καφετέρια (θηλ.)	[kafetéria]
restaurante (m)	εστιατόριο (ουδ.)	[estiatório]
bar (m)	μπαρ (ουδ.), μπυραρία (θηλ.)	[bar], [biraría]
pizzaria (f)	πιτσαρία (θηλ.)	[pitsaría]

salão (m) de cabeleireiro	κομμωτήριο (ουδ.)	[komotírio]
agência (f) dos correios	ταχυδρομείο (ουδ.)	[taxiðromío]
lavanderia (f)	στεγνοκαθαριστήριο (ουδ.)	[steɣnokaθaristírio]
estúdio (m) fotográfico	φωτογραφείο (ουδ.)	[fotoɣrafío]
sapataria (f)	κατάστημα παπουτσιών (ουδ.)	[katástima paputsión]

| livraria (f) | βιβλιοπωλείο (ουδ.) | [vivliopolío] |
| loja (f) de artigos esportivos | κατάστημα αθλητικών ειδών (ουδ.) | [katástima aθlitikón iδón] |

costureira (m)	κατάστημα επιδιορθώσεων ενδυμάτων (ουδ.)	[katástima epiδiorθóseon enδimáton]
aluguel (m) de roupa	ενοικίαση ενδυμάτων (θηλ.)	[enikíasi enδimáton]
videolocadora (f)	κατάστημα ενοικίασης βίντεο (ουδ.)	[katástima enikíasis vídeo]

circo (m)	τσίρκο (ουδ.)	[tsírko]
jardim (m) zoológico	ζωολογικός κήπος (αρ.)	[zooljojikós kípos]
cinema (m)	κινηματογράφος (αρ.)	[kinimatoɣráfos]
museu (m)	μουσείο (ουδ.)	[musío]
biblioteca (f)	βιβλιοθήκη (θηλ.)	[vivlioθíki]

teatro (m)	θέατρο (ουδ.)	[θéatro]
ópera (f)	όπερα (θηλ.)	[ópera]
boate (casa noturna)	νυχτερινό κέντρο (ουδ.)	[nixterinó kéndro]
cassino (m)	καζίνο (ουδ.)	[kazíno]

mesquita (f)	τζαμί (ουδ.)	[dzamí]
sinagoga (f)	συναγωγή (θηλ.)	[sinaɣojí]
catedral (f)	καθεδρικός (αρ.)	[kaθeδrikós]
templo (m)	ναός (αρ.)	[naós]
igreja (f)	εκκλησία (θηλ.)	[eklisía]

faculdade (f)	πανεπιστήμιο (ουδ.)	[panepistímio]
universidade (f)	πανεπιστήμιο (ουδ.)	[panepistímio]
escola (f)	σχολείο (ουδ.)	[sxolío]

prefeitura (f)	νομός (αρ.)	[nómos]
câmara (f) municipal	δημαρχείο (ουδ.)	[δimarxío]
hotel (m)	ξενοδοχείο (ουδ.)	[ksenoδoxío]
banco (m)	τράπεζα (θηλ.)	[trápeza]

embaixada (f)	πρεσβεία (θηλ.)	[prezvía]
agência (f) de viagens	ταξιδιωτικό γραφείο (ουδ.)	[taksiδiotikó ɣrafío]
agência (f) de informações	γραφείο πληροφοριών (ουδ.)	[ɣrafío pliroforión]
casa (f) de câmbio	ανταλλακτήριο συναλλάγματος (ουδ.)	[andaljaktírio sinaljáɣmatos]

| metrô (m) | μετρό (ουδ.) | [metró] |
| hospital (m) | νοσοκομείο (ουδ.) | [nosokomío] |

| posto (m) de gasolina | βενζινάδικο (ουδ.) | [venzináδiko] |
| parque (m) de estacionamento | πάρκινγκ (ουδ.) | [párking] |

55. Sinais

letreiro (m)	ταμπέλα (θηλ.)	[tabélja]
aviso (m)	επιγραφή (θηλ.)	[epiɣrafí]
cartaz, pôster (m)	αφίσα, πόστερ (ουδ.)	[afísa], [póster]
placa (f) de direção	πινακίδα (θηλ.)	[pinakíδa]

seta (f)	**βελάκι** (ουδ.)	[velʲáki]
aviso (advertência)	**προειδοποίηση** (θηλ.)	[proiðopíisi]
sinal (m) de aviso	**προειδοποίηση** (θηλ.)	[proiðopíisi]
avisar, advertir (vt)	**προειδοποιώ**	[proiðopió]
dia (m) de folga	**ρεπό** (ουδ.)	[repó]
horário (~ dos trens, etc.)	**ωράριο** (ουδ.)	[orário]
horário (m)	**ώρες λειτουργίας** (θηλ.πλ.)	[óres liturȷías]
BEM-VINDOS!	**ΚΑΛΩΣ ΗΡΘΑΤΕ!**	[kalʲos írθate]
ENTRADA	**ΕΙΣΟΔΟΣ**	[ísoðos]
SAÍDA	**ΕΞΟΔΟΣ**	[éksoðos]
EMPURRE	**ΩΘΗΣΑΤΕ**	[oθísate]
PUXE	**ΕΛΞΑΤΕ**	[élʲksate]
ABERTO	**ΑΝΟΙΚΤΟ**	aníkto
FECHADO	**ΚΛΕΙΣΤΟ**	[klísto]
MULHER	**ΓΥΝΑΙΚΩΝ**	[ȷinekón]
HOMEM	**ΑΝΔΡΕΣ**	[ánðres]
DESCONTOS	**ΕΚΠΤΩΣΕΙΣ**	[ekptósis]
SALDOS, PROMOÇÃO	**ΞΕΠΟΥΛΗΜΑ**	[ksepúlima]
NOVIDADE!	**ΝΕΟ!**	[néo]
GRÁTIS	**ΔΩΡΕΑΝ**	[ðoreán]
ATENÇÃO!	**ΠΡΟΣΟΧΗ!**	[prosoxí]
NÃO HÁ VAGAS	**ΔΕΝ ΥΠΑΡΧΟΥΝ**	[ðen ipárxun
	ΚΕΝΑ ΔΩΜΑΤΙΑ	kená ðomátia]
RESERVADO	**ΡΕΖΕΡΒΕ**	[rezervé]
ADMINISTRAÇÃO	**ΔΙΕΥΘΥΝΤΗΣ**	[ðiéfθindis]
SOMENTE PESSOAL	**ΜΟΝΟ ΓΙΑ ΤΟ ΠΡΟΣΩΠΙΚΟ**	[móno ȷa to prosopikó]
AUTORIZADO		
CUIDADO CÃO FEROZ	**ΠΡΟΣΟΧΗ ΣΚΥΛΟΣ**	[prosoxí skílʲos]
PROIBIDO FUMAR!	**ΑΠΑΓΟΡΕΥΕΤΑΙ**	[apaɣorévete
	ΤΟ ΚΑΠΝΙΣΜΑ	to kápnizma]
NÃO TOCAR	**ΜΗΝ ΑΓΓΙΖΕΤΕ!**	[min angízete]
PERIGOSO	**ΚΙΝΔΥΝΟΣ**	[kínðinos]
PERIGO	**ΚΙΝΔΥΝΟΣ**	[kínðinos]
ALTA TENSÃO	**ΥΨΗΛΗ ΤΑΣΗ**	[ípseli tási]
PROIBIDO NADAR	**ΑΠΑΓΟΡΕΥΕΤΑΙ**	[apaɣorévete
	ΤΟ ΚΟΛΥΜΠΙ	to kolíbi]
COM DEFEITO	**ΕΚΤΟΣ ΛΕΙΤΟΥΡΓΙΑΣ**	éktos liturȷías
INFLAMÁVEL	**ΕΥΦΛΕΚΤΟ**	[éflekto]
PROIBIDO	**ΑΠΑΓΟΡΕΥΕΤΑΙ**	[apaɣorévete]
ENTRADA PROIBIDA	**ΑΠΑΓΟΡΕΥΕΤΑΙ**	[apaɣorévete
	ΤΟ ΠΕΡΑΣΜΑ	to pérazma]
CUIDADO TINTA FRESCA	**ΦΡΕΣΚΟΒΑΜΜΕΝΟ**	[frésko vaméno]

56. Transportes urbanos

ônibus (m)	λεωφορείο (ουδ.)	[leoforío]
bonde (m) elétrico	τραμ (ουδ.)	[tram]
trólebus (m)	τρόλεϊ (ουδ.)	[trólej]
rota (f), itinerário (m)	δρομολόγιο (ουδ.)	[ðromolᶦójo]
número (m)	αριθμός (αρ.)	[ariθmós]

ir de ... (carro, etc.)	πηγαίνω με ...	[pijéno me]
entrar no ...	ανεβαίνω	[anevéno]
descer do ...	κατεβαίνω	[katevéno]

parada (f)	στάση (θηλ.)	[stási]
próxima parada (f)	επόμενη στάση (θηλ.)	[epómeni stási]
terminal (m)	τερματικός σταθμός (αρ.)	[termatikós staθmós]
horário (m)	δρομολόγιο (ουδ.)	[ðromolᶦójo]
esperar (vt)	περιμένω	[periméno]

| passagem (f) | εισιτήριο (ουδ.) | [isitírio] |
| tarifa (f) | τιμή εισιτηρίου (θηλ.) | [timí isitiríu] |

bilheteiro (m)	ταμίας (αρ./θηλ.)	[tamías]
controle (m) de passagens	έλεγχος εισιτηρίων (αρ.)	[élenxos isitiríon]
revisor (m)	ελεγκτής εισιτηρίων (αρ.)	[elengtís isitiríon]
atrasar-se (vr)	καθυστερώ	[kaθisteró]
perder (o autocarro, etc.)	καθυστερώ	[kaθisteró]
estar com pressa	βιάζομαι	[viázome]

táxi (m)	ταξί (ουδ.)	[taksí]
taxista (m)	ταξιτζής (αρ.)	[taksidzís]
de táxi (ir ~)	με ταξί	[me taksí]
ponto (m) de táxis	πιάτσα ταξί (θηλ.)	[piátsa taksí]
chamar um táxi	καλώ ταξί	[kalᶦó taksí]
pegar um táxi	παίρνω ταξί	[pérno taksí]

tráfego (m)	κίνηση (θηλ.)	[kínisi]
engarrafamento (m)	μποτιλιάρισμα (ουδ.)	[botiliárizma]
horas (f pl) de pico	ώρα αιχμής (θηλ.)	[óra exmís]
estacionar (vi)	παρκάρω	[parkáro]
estacionar (vt)	παρκάρω	[parkáro]
parque (m) de estacionamento	πάρκινγκ (ουδ.)	[párking]

metrô (m)	μετρό (ουδ.)	[metró]
estação (f)	σταθμός (αρ.)	[staθmós]
ir de metrô	παίρνω το μετρό	[pérno to metró]
trem (m)	τραίνο, τρένο (ουδ.)	[tréno]
estação (f) de trem	σιδηροδρομικός σταθμός (αρ.)	[siðiroðromikós staθmós]

57. Turismo

| monumento (m) | μνημείο (ουδ.) | [mnimío] |
| fortaleza (f) | φρούριο (ουδ.) | [frúrio] |

palácio (m)	παλάτι (ουδ.)	[pal'áti]
castelo (m)	κάστρο (ουδ.)	[kástro]
torre (f)	πύργος (αρ.)	[pírγos]
mausoléu (m)	μαυσωλείο (ουδ.)	[mafsolío]

arquitetura (f)	αρχιτεκτονική (θηλ.)	[arxitektonikí]
medieval (adj)	μεσαιωνικός	[meseonikós]
antigo (adj)	αρχαίος	[arxéos]
nacional (adj)	εθνικός	[eθnikós]
famoso, conhecido (adj)	διάσημος	[ðiásimos]

turista (m)	τουρίστας (αρ.)	[turístas]
guia (pessoa)	ξεναγός (αρ.)	[ksenaγós]
excursão (f)	εκδρομή (θηλ.)	[ekðromí]
mostrar (vt)	δείχνω	[ðíxno]
contar (vt)	διηγούμαι	[ðiiγúme]

encontrar (vt)	βρίσκω	[vrísko]
perder-se (vr)	χάνομαι	[xánome]
mapa (~ do metrô)	χάρτης (αρ.)	[xártis]
mapa (~ da cidade)	χάρτης (αρ.)	[xártis]

lembrança (f), presente (m)	ενθύμιο (ουδ.)	[enθímio]
loja (f) de presentes	κατάστημα με είδη δώρων (ουδ.)	[katástima me ídi ðóron]
tirar fotos, fotografar	φωτογραφίζω	[fotoγrafízo]
fotografar-se (vr)	βγαίνω φωτογραφία	[vjéno fotoγrafía]

58. Compras

comprar (vt)	αγοράζω	[aγorázo]
compra (f)	αγορά (θηλ.)	[aγorá]
fazer compras	ψωνίζω	[psonízo]
compras (f pl)	shopping (ουδ.)	[ʃópiŋ]

| estar aberta (loja) | λειτουργώ | [liturγó] |
| estar fechada | κλείνω | [klíno] |

calçado (m)	υποδήματα (ουδ.πλ.)	[ipoðímata]
roupa (f)	ενδύματα (ουδ.πλ.)	[enðímata]
cosméticos (m pl)	καλλυντικά (ουδ.πλ.)	[kalindiká]
alimentos (m pl)	τρόφιμα (ουδ.πλ.)	[trófima]
presente (m)	δώρο (ουδ.)	[ðóro]

| vendedor (m) | πωλητής (αρ.) | [politís] |
| vendedora (f) | πωλήτρια (θηλ.) | [polítria] |

caixa (f)	ταμείο (ουδ.)	[tamío]
espelho (m)	καθρέφτης (αρ.)	[kaθréftis]
balcão (m)	πάγκος (αρ.)	[pángos]
provador (m)	δοκιμαστήριο (ουδ.)	[ðokimastírio]

| provar (vt) | δοκιμάζω | [ðokimázo] |
| servir (roupa, caber) | ταιριάζω | [teriázo] |

gostar (apreciar)	μου αρέσει	[mu arési]
preço (m)	τιμή (θηλ.)	[timí]
etiqueta (f) de preço	καρτέλα τιμής (θηλ.)	[kartélʲa timís]
custar (vt)	κοστίζω	[kostízo]
Quanto?	Πόσο κάνει;	póso káni?
desconto (m)	έκπτωση (θηλ.)	[ékptosi]
não caro (adj)	φτηνός	[ftinós]
barato (adj)	φτηνός	[ftinós]
caro (adj)	ακριβός	[akrivós]
É caro	Είναι ακριβός	[íne akrivós]
aluguel (m)	ενοικίαση (θηλ.)	[enikíasi]
alugar (roupas, etc.)	νοικιάζω	[nikiázo]
crédito (m)	πίστωση (θηλ.)	[pístosi]
a crédito	με πίστωση	[me pístosi]

59. Dinheiro

dinheiro (m)	χρήματα (ουδ.πλ.)	[xrímata]
câmbio (m)	ανταλλαγή (θηλ.)	[andalʲají]
taxa (f) de câmbio	ισοτιμία (θηλ.)	[isotimía]
caixa (m) eletrônico	ATM (ουδ.)	[eitiém]
moeda (f)	κέρμα (ουδ.)	[kérma]
dólar (m)	δολάριο (ουδ.)	[ðolʲário]
euro (m)	ευρώ (ουδ.)	[evró]
lira (f)	λίρα (θηλ.)	[líra]
marco (m)	μάρκο (ουδ.)	[márko]
franco (m)	φράγκο (ουδ.)	[frángo]
libra (f) esterlina	στερλίνα (θηλ.)	[sterlína]
iene (m)	γιεν (ουδ.)	[jén]
dívida (f)	χρέος (ουδ.)	[xréos]
devedor (m)	χρεώστης (αρ.)	[xreóstis]
emprestar (vt)	δανείζω	[ðanízo]
pedir emprestado	δανείζομαι	[ðanízome]
banco (m)	τράπεζα (θηλ.)	[trápeza]
conta (f)	λογαριασμός (αρ.)	[lʲoɣariazmós]
depositar na conta	καταθέτω στο λογαριασμό	[kataθéto sto lʲoɣariazmó]
sacar (vt)	κάνω ανάληψη	[káno análipsi]
cartão (m) de crédito	πιστωτική κάρτα (θηλ.)	[pistotikí kárta]
dinheiro (m) vivo	μετρητά (ουδ.πλ.)	[metritá]
cheque (m)	επιταγή (θηλ.)	[epitají]
passar um cheque	κόβω επιταγή	[kóvo epitají]
talão (m) de cheques	βιβλιάριο επιταγών (ουδ.)	[vivliário epitaɣón]
carteira (f)	πορτοφόλι (ουδ.)	[portofóli]
niqueleira (f)	πορτοφόλι (ουδ.)	[portofóli]
cofre (m)	χρηματοκιβώτιο (ουδ.)	[xrimatokivótio]
herdeiro (m)	κληρονόμος (αρ.)	[klironómos]

| herança (f) | κληρονομιά (θηλ.) | [klironomiá] |
| fortuna (riqueza) | περιουσία (θηλ.) | [periusía] |

arrendamento (m)	σύμβαση μίσθωσης (θηλ.)	[símvasi mísθosis]
aluguel (pagar o ~)	ενοίκιο (ουδ.)	[eníkio]
alugar (vt)	νοικιάζω	[nikiázo]

preço (m)	τιμή (θηλ.)	[timí]
custo (m)	κόστος (ουδ.)	[kóstos]
soma (f)	ποσό (ουδ.)	[posó]

gastar (vt)	ξοδεύω	[ksoδévo]
gastos (m pl)	έξοδα (ουδ.πλ.)	[éksoδa]
economizar (vi)	κάνω οικονομία	[káno ikonomía]
econômico (adj)	οικονομικός	[ikonomikós]

pagar (vt)	πληρώνω	[pliróno]
pagamento (m)	αμοιβή (θηλ.)	[amiví]
troco (m)	ρέστα (ουδ.πλ.)	[résta]

imposto (m)	φόρος (αρ.)	[fóros]
multa (f)	πρόστιμο (ουδ.)	[próstimo]
multar (vt)	επιβάλλω πρόστιμο	[epivállo próstimo]

60. Correios. Serviço postal

agência (f) dos correios	ταχυδρομείο (ουδ.)	[taxiδromío]
correio (m)	ταχυδρομείο (ουδ.)	[taxiδromío]
carteiro (m)	ταχυδρόμος (αρ.)	[taxiδrómos]
horário (m)	ώρες λειτουργίας (θηλ.πλ.)	[óres liturjías]

carta (f)	γράμμα (ουδ.)	[γráma]
carta (f) registada	συστημένο γράμμα (ουδ.)	[sistiméno γráma]
cartão (m) postal	κάρτα (θηλ.)	[kárta]
telegrama (m)	τηλεγράφημα (ουδ.)	[tileγráfima]
encomenda (f)	δέμα (ουδ.)	[δéma]
transferência (f) de dinheiro	έμβασμα (ουδ.)	[émvazma]

receber (vt)	λαμβάνω	[llamváno]
enviar (vt)	στέλνω	[stéllno]
envio (m)	αποστολή (θηλ.)	[apostolí]

endereço (m)	διεύθυνση (θηλ.)	[δiéfθinsi]
código (m) postal	ταχυδρομικός κώδικας (αρ.)	[taxiδromikós kóδikas]
remetente (m)	αποστολέας (αρ.)	[apostoléas]
destinatário (m)	παραλήπτης (αρ.)	[paralíptis]

| nome (m) | όνομα (ουδ.) | [ónoma] |
| sobrenome (m) | επώνυμο (ουδ.) | [epónimo] |

tarifa (f)	ταχυδρομικό τέλος (ουδ.)	[taxiδromikó téllos]
ordinário (adj)	κανονικός	[kanonikós]
econômico (adj)	οικονομικός	[ikonomikós]
peso (m)	βάρος (ουδ.)	[város]

pesar (estabelecer o peso)	ζυγίζω	[zijízo]
envelope (m)	φάκελος (αρ.)	[fákelⁱos]
selo (m) postal	γραμματόσημο (ουδ.)	[ɣramatósimo]
colar o selo	βάζω γραμματόσημο	[vázo ɣramatósimo]

Moradia. Casa. Lar

61. Casa. Eletricidade

eletricidade (f)	ηλεκτρισμός (αρ.)	[ilektrizmós]
lâmpada (f)	λάμπα (θηλ.)	[l'ámba]
interruptor (m)	διακόπτης (αρ.)	[ðiakóptis]
fusível, disjuntor (m)	ασφάλεια (θηλ.), φυσίγγιο (ουδ.)	[asfália], [fisíngio]
fio, cabo (m)	καλώδιο (ουδ.)	[kal'óðio]
instalação (f) elétrica	καλωδίωση (θηλ.)	[kal'oðíosi]
medidor (m) de eletricidade	μετρητής ηλεκτρικής κατανάλωσης (αρ.)	[metritís ilektrikís katanál'osis]
indicação (f), registro (m)	ενδείξεις (θηλ.πλ.)	[enðíksis]

62. Moradia. Mansão

casa (f) de campo	εξωχικό (ουδ.)	[eksoxikó]
vila (f)	βίλα (θηλ.)	[víl'a]
ala (~ do edifício)	πτέρυγα (θηλ.)	[ptériɣa]
jardim (m)	κήπος (αρ.)	[kípos]
parque (m)	πάρκο (ουδ.)	[párko]
estufa (f)	θερμοκήπιο (ουδ.)	[θermokípio]
cuidar de ...	φροντίζω	[frondízo]
piscina (f)	πισίνα (θηλ.)	[pisína]
academia (f) de ginástica	γυμναστήριο (ουδ.)	[jimnastírio]
quadra (f) de tênis	γήπεδο τένις (ουδ.)	[jípeðo ténis]
cinema (m)	οικιακός κινηματογράφος (αρ.)	[ikiakós kinimatoɣráfos]
garagem (f)	γκαράζ (ουδ.)	[garáz]
propriedade (f) privada	ιδωτική ιδιοκτησία (θηλ.)	[iðotikí iðioktisía]
terreno (m) privado	ιδιωτική έκταση (θηλ.)	[iðiotikí éktasi]
advertência (f)	προειδοποίηση (θηλ.)	[proiðopíisi]
sinal (m) de aviso	προειδοποιητικό σήμα (ουδ.)	[proiðopoiitikó síma]
guarda (f)	ασφάλεια (θηλ.)	[asfália]
guarda (m)	φρουρός (αρ.)	[fíl'akas]
alarme (m)	συναγερμός (αρ.)	[sinajermós]

63. Apartamento

apartamento (m)	διαμέρισμα (ουδ.)	[ðiamérizma]
quarto, cômodo (m)	δωμάτιο (ουδ.)	[ðomátio]
quarto (m) de dormir	υπνοδωμάτιο (ουδ.)	[ipnoðomátio]
sala (f) de jantar	τραπεζαρία (θηλ.)	[trapezaría]
sala (f) de estar	σαλόνι (ουδ.)	[salʲóni]
escritório (m)	γραφείο (ουδ.)	[ɣrafío]

sala (f) de entrada	χωλ (ουδ.)	[xolʲ]
banheiro (m)	μπάνιο (ουδ.)	[bánio]
lavabo (m)	τουαλέτα (θηλ.)	[tualéta]

teto (m)	ταβάνι (ουδ.)	[taváni]
chão, piso (m)	πάτωμα (ουδ.)	[pátoma]
canto (m)	γωνία (θηλ.)	[ɣonía]

64. Mobiliário. Interior

mobiliário (m)	έπιπλα (ουδ.πλ.)	[épiplʲa]
mesa (f)	τραπέζι (ουδ.)	[trapézi]
cadeira (f)	καρέκλα (θηλ.)	[karéklʲa]
cama (f)	κρεβάτι (ουδ.)	[kreváti]
sofá, divã (m)	καναπές (αρ.)	[kanapés]
poltrona (f)	πολυθρόνα (θηλ.)	[poliθróna]

estante (f)	βιβλιοθήκη (θηλ.)	[vivlioθíki]
prateleira (f)	ράφι (ουδ.)	[ráfi]

guarda-roupas (m)	ντουλάπα (θηλ.)	[dulʲápa]
cabide (m) de parede	κρεμάστρα (θηλ.)	[kremástra]
cabideiro (m) de pé	καλόγερος (αρ.)	[kalʲójeros]

cômoda (f)	συρταριέρα (θηλ.)	[sirtariéra]
mesinha (f) de centro	τραπεζάκι (ουδ.)	[trapezáki]

espelho (m)	καθρέφτης (αρ.)	[kaθréftis]
tapete (m)	χαλί (ουδ.)	[xalí]
tapete (m) pequeno	χαλάκι (ουδ.)	[xalʲáki]

lareira (f)	τζάκι (ουδ.)	[dzáki]
vela (f)	κερί (ουδ.)	[kerí]
castiçal (m)	κηροπήγιο (ουδ.)	[kiropíjo]

cortinas (f pl)	κουρτίνες (θηλ.πλ.)	[kurtínes]
papel (m) de parede	ταπετσαρία (θηλ.)	[tapetsaría]
persianas (f pl)	στόρια (ουδ.πλ.)	[stória]

luminária (f) de mesa	επιτραπέζιο φωτιστικό (ουδ.)	[epitrapézio fotistikó]
luminária (f) de parede	φωτιστικό τοίχου (ουδ.)	[fotistikó tíxu]
abajur (m) de pé	φωτιστικό δαπέδου (ουδ.)	[fotistikó ðapéðu]
lustre (m)	πολυέλαιος (αρ.)	[poliéleos]
pé (de mesa, etc.)	πόδι (ουδ.)	[póði]

braço, descanso (m)	μπράτσο (ουδ.)	[brátso]
costas (f pl)	πλάτη (θηλ.)	[pliáti]
gaveta (f)	συρτάρι (ουδ.)	[sirtári]

65. Quarto de dormir

roupa (f) de cama	σεντόνια (ουδ.πλ.)	[sendónia]
travesseiro (m)	μαξιλάρι (ουδ.)	[maksiliári]
fronha (f)	μαξιλαροθήκη (θηλ.)	[maksiliaroθíki]
cobertor (m)	πάπλωμα (ουδ.)	[páplioma]
lençol (m)	σεντόνι (ουδ.)	[sendóni]
colcha (f)	κουβερλί (ουδ.)	[kuverlí]

66. Cozinha

cozinha (f)	κουζίνα (θηλ.)	[kuzína]
gás (m)	γκάζι (ουδ.)	[gázi]
fogão (m) a gás	κουζίνα με γκάζι (θηλ.)	[kuzína me gázi]
fogão (m) elétrico	ηλεκτρική κουζίνα (θηλ.)	[ilektrikí kuzína]
forno (m)	φούρνος (αρ.)	[fúrnos]
forno (m) de micro-ondas	φούρνος μικροκυμάτων (αρ.)	[fúrnos mikrokimáton]

geladeira (f)	ψυγείο (ουδ.)	[psijío]
congelador (m)	καταψύκτης (αρ.)	[katapsíktis]
máquina (f) de lavar louça	πλυντήριο πιάτων (ουδ.)	[plindírio piáton]

moedor (m) de carne	κρεατομηχανή (θηλ.)	[kreatomixaní]
espremedor (m)	αποχυμωτής (αρ.)	[apoximotís]
torradeira (f)	φρυγανιέρα (θηλ.)	[friɣaniéra]
batedeira (f)	μίξερ (ουδ.)	[míkser]

máquina (f) de café	καφετιέρα (θηλ.)	[kafetiéra]
cafeteira (f)	καφετιέρα (θηλ.)	[kafetiéra]
moedor (m) de café	μύλος του καφέ (αρ.)	[mílios tu kafé]

chaleira (f)	βραστήρας (αρ.)	[vrastíras]
bule (m)	τσαγιέρα (θηλ.)	[tsajéra]
tampa (f)	καπάκι (ουδ.)	[kapáki]
coador (m) de chá	σουρωτήρι τσαγιού (ουδ.)	[surotíri tsajú]

colher (f)	κουτάλι (ουδ.)	[kutáli]
colher (f) de chá	κουταλάκι του γλυκού (ουδ.)	[kutaliáki tu ɣlikú]
colher (f) de sopa	κουτάλι της σούπας (ουδ.)	[kutáli tis súpas]
garfo (m)	πιρούνι (ουδ.)	[pirúni]
faca (f)	μαχαίρι (ουδ.)	[maxéri]

louça (f)	επιτραπέζια σκεύη (ουδ.πλ.)	[epitrapézia skévi]
prato (m)	πιάτο (ουδ.)	[piáto]
pires (m)	πιατάκι (ουδ.)	[piatáki]

| cálice (m) | σφηνοπότηρο (ουδ.) | [sfinopótiro] |
| copo (m) | ποτήρι (ουδ.) | [potíri] |

xícara (f)	φλιτζάνι (ουδ.)	[flidzáni]
açucareiro (m)	ζαχαριέρα (θηλ.)	[zaxariéra]
saleiro (m)	αλατιέρα (θηλ.)	[alʲatiéra]
pimenteiro (m)	πιπεριέρα (θηλ.)	[piperiéra]
manteigueira (f)	βουτυριέρα (θηλ.)	[vutiriéra]

panela (f)	κατσαρόλα (θηλ.)	[katsarólʲa]
frigideira (f)	τηγάνι (ουδ.)	[tiɣáni]
concha (f)	κουτάλα (θηλ.)	[kutálʲa]
coador (m)	σουρωτήρι (ουδ.)	[surotíri]
bandeja (f)	δίσκος (αρ.)	[ðískos]

garrafa (f)	μπουκάλι (ουδ.)	[bukáli]
pote (m) de vidro	βάζο (ουδ.)	[vázo]
lata (~ de cerveja)	κουτί (ουδ.)	[kutí]

abridor (m) de garrafa	ανοιχτήρι (ουδ.)	[anixtíri]
abridor (m) de latas	ανοιχτήρι (ουδ.)	[anixtíri]
saca-rolhas (m)	τιρμπουσόν (ουδ.)	[tirbusón]
filtro (m)	φίλτρο (ουδ.)	[fílʲtro]
filtrar (vt)	φιλτράρω	[filʲtráro]

lixo (m)	σκουπίδια (ουδ.πλ.)	[skupíðia]
lixeira (f)	κάδος σκουπιδιών (αρ.)	[káðos skupiðión]

67. Casa de banho

banheiro (m)	μπάνιο (ουδ.)	[bánio]
água (f)	νερό (ουδ.)	[neró]
torneira (f)	βρύση (ουδ.)	[vrísi]
água (f) quente	ζεστό νερό (ουδ.)	[zestó neró]
água (f) fria	κρύο νερό (ουδ.)	[krío neró]

pasta (f) de dente	οδοντόκρεμα (θηλ.)	[oðondókrema]
escovar os dentes	πλένω τα δόντια	[pléno ta ðóndia]

barbear-se (vr)	ξυρίζομαι	[ksirízome]
espuma (f) de barbear	αφρός ξυρίσματος (αρ.)	[afrós ksirízmatos]
gilete (f)	ξυράφι (ουδ.)	[ksiráfi]

lavar (vt)	πλένω	[pléno]
tomar banho	πλένομαι	[plénome]
chuveiro (m), ducha (f)	ντουζ (ουδ.)	[duz]
tomar uma ducha	κάνω ντουζ	[káno duz]

banheira (f)	μπανιέρα (θηλ.)	[baniéra]
vaso (m) sanitário	λεκάνη (θηλ.)	[lekáni]
pia (f)	νιπτήρας (αρ.)	[niptíras]

sabonete (m)	σαπούνι (ουδ.)	[sapúni]
saboneteira (f)	σαπουνοθήκη (θηλ.)	[sapunoθíki]

esponja (f)	σφουγγάρι (ουδ.)	[sfungári]
xampu (m)	σαμπουάν (ουδ.)	[sambuán]

| toalha (f) | πετσέτα (θηλ.) | [petséta] |
| roupão (m) de banho | μπουρνούζι (ουδ.) | [burnúzi] |

lavagem (f)	μπουγάδα (θηλ.)	[buɣáδa]
lavadora (f) de roupas	πλυντήριο ρούχων (ουδ.)	[plindírio rúxon]
lavar a roupa	πλένω τα σεντόνια	[pléno ta sendónia]
detergente (m)	απορρυπαντικό (ουδ.)	[aporipandikó]

68. Eletrodomésticos

televisor (m)	τηλεόραση (θηλ.)	[tileórasi]
gravador (m)	κασετόφωνο (ουδ.)	[kasetófono]
videogravador (m)	συσκευή βίντεο (θηλ.)	[siskeví vídeo]
rádio (m)	ραδιόφωνο (ουδ.)	[raδiófono]
leitor (m)	πλέιερ (ουδ.)	[pléjer]

projetor (m)	βιντεοπροβολέας (αρ.)	[videoprovoléas]
cinema (m) em casa	οικιακός κινηματογράφος (αρ.)	[ikiakós kinimatoɣráfos]
DVD Player (m)	συσκευή DVD (θηλ.)	[siskeví dividí]
amplificador (m)	ενισχυτής (αρ.)	[enisxitís]
console (f) de jogos	κονσόλα παιχνιδιών (θηλ.)	[konsólʲa pexniδion]

câmera (f) de vídeo	βιντεοκάμερα (θηλ.)	[videokámera]
máquina (f) fotográfica	φωτογραφική μηχανή (θηλ.)	[fotoɣrafikí mixaní]
câmera (f) digital	ψηφιακή φωτογραφική μηχανή (θηλ.)	[psifiakí fotoɣrafikí mixaní]

aspirador (m)	ηλεκτρική σκούπα (θηλ.)	[ilektrikí skúpa]
ferro (m) de passar	σίδερο (ουδ.)	[síδero]
tábua (f) de passar	σιδερώστρα (θηλ.)	[siδeróstra]

telefone (m)	τηλέφωνο (ουδ.)	[tiléfono]
celular (m)	κινητό τηλέφωνο (ουδ.)	[kinitó tiléfono]
máquina (f) de escrever	γραφομηχανή (θηλ.)	[ɣrafomixaní]
máquina (f) de costura	ραπτομηχανή (θηλ.)	[raptomixaní]

microfone (m)	μικρόφωνο (ουδ.)	[mikrófono]
fone (m) de ouvido	ακουστικά (ουδ.πλ.)	[akustiká]
controle remoto (m)	τηλεχειριστήριο (ουδ.)	[tilexiristírio]

CD (m)	συμπαγής δίσκος (αρ.)	[simpaɟís δískos]
fita (f) cassete	κασέτα (θηλ.)	[kaséta]
disco (m) de vinil	δίσκος βινυλίου (αρ.)	[δískos vinilíu]

ATIVIDADES HUMANAS

Emprego. Negócios. Parte 1

69. Escritório. O trabalho no escritório

escritório (~ de advogados)	γραφείο (ουδ.)	[γrafío]
escritório (do diretor, etc.)	γραφείο (ουδ.)	[γrafío]
recepção (f)	ρεσεψιόν (θηλ.)	[resepsión]
secretário (m)	γραμματέας (αρ./θηλ.)	[γramatéas]
diretor (m)	διευθυντής (αρ.)	[ðiefθindís]
gerente (m)	μάνατζερ (αρ.)	[mánadzer]
contador (m)	λογιστής (αρ.)	[lᴵoϳistís]
empregado (m)	υπάλληλος (αρ.)	[ipálilᴵos]
mobiliário (m)	έπιπλα (ουδ.πλ.)	[épiplᴵa]
mesa (f)	γραφείο (ουδ.)	[γrafío]
cadeira (f)	καρέκλα (θηλ.)	[karéklᴵa]
gaveteiro (m)	συρταριέρα (θηλ.)	[sirtariéra]
cabideiro (m) de pé	καλόγερος (αρ.)	[kalᴵóϳeros]
computador (m)	υπολογιστής (αρ.)	[ipolᴵoϳistís]
impressora (f)	εκτυπωτής (αρ.)	[ektipotís]
fax (m)	φαξ (ουδ.)	[faks]
fotocopiadora (f)	φωτοτυπικό μηχάνημα (ουδ.)	[fototipikó mixánima]
papel (m)	χαρτί (ουδ.)	[xartí]
artigos (m pl) de escritório	χαρτικά (ουδ.πλ.)	[xartiká]
tapete (m) para mouse	μάους παντ (ουδ.)	[máus pad]
folha (f)	φύλλο (ουδ.)	[fílᴵo]
pasta (f)	ντοσιέ (ουδ.)	[dosié]
catálogo (m)	κατάλογος (αρ.)	[katálᴵoγos]
lista (f) telefônica	τηλεφωνικός κατάλογος (αρ.)	[tilefonikós katálᴵoγos]
documentação (f)	έγγραφα (ουδ.πλ.)	[éngrafa]
brochura (f)	φυλλάδιο (ουδ.)	[filᴵáðio]
panfleto (m)	φυλλάδιο (ουδ.)	[filᴵáðio]
amostra (f)	δείγμα (ουδ.)	[ðíγma]
formação (f)	σεμινάριο (ουδ.)	[seminário]
reunião (f)	σύσκεψη (θηλ.)	[sískepsi]
hora (f) de almoço	μεσημεριανό διάλειμμα (ουδ.)	[mesimerianó ðiálima]
fazer uma cópia	κάνω αντίγραφο	[káno andíγrafo]
tirar cópias	κάνω αντίγραφα	[káno andíγrafa]
receber um fax	λαμβάνω φαξ	[lᴵamváno faks]

enviar um fax	στέλνω φαξ	[stél'no faks]
fazer uma chamada	τηλεφωνώ	[tilefonó]
responder (vt)	απαντώ	[apandó]
passar (vt)	συνδέω	[sinðéo]

marcar (vt)	κλείνω ραντεβού	[klíno randevú]
demonstrar (vt)	επιδεικνύω	[epiðiknío]
estar ausente	απουσιάζω	[apusiázo]
ausência (f)	απουσία (θηλ.)	[apusía]

70. Processos negociais. Parte 1

ocupação (f)	επάγγελμα (ουδ.)	[epángel'ma]
firma, empresa (f)	εταιρία (θηλ.)	[etería]
companhia (f)	εταιρία (θηλ.)	[etería]
corporação (f)	εταιρεία (θηλ.)	[etería]
empresa (f)	οργανισμός (αρ.)	[oryanizmós]
agência (f)	πρακτορείο (ουδ.)	[praktorío]

acordo (documento)	συμφωνία (θηλ.)	[simfonía]
contrato (m)	συμβόλαιο (ουδ.)	[simvóleo]
acordo (transação)	συμφωνία (θηλ.)	[simfonía]
pedido (m)	παραγγελία (θηλ.)	[parangelía]
termos (m pl)	όρος (αρ.)	[óros]

por atacado	σε χονδρική	[se xonðrikí]
por atacado (adj)	χοντρικός	[xondrikós]
venda (f) por atacado	χονδρικό εμπόριο (ουδ.)	[xonðrikó embório]
a varejo	λιανικός	[lianikós]
venda (f) a varejo	λιανικό εμπόριο (ουδ.)	[lianikó embório]

concorrente (m)	ανταγωνιστής (αρ.)	[andayonistís]
concorrência (f)	ανταγωνισμός (αρ.)	[andayonizmós]
competir (vi)	ανταγωνίζομαι	[andayonízome]

sócio (m)	συνέταιρος (αρ.)	[sinéteros]
parceria (f)	σύμπραξη (θηλ.)	[símpraksi]

crise (f)	κρίση (θηλ.)	[krísi]
falência (f)	χρεοκοπία (θηλ.)	[xreokopía]
entrar em falência	χρεοκοπώ	[xreokopó]
dificuldade (f)	δυσκολία (θηλ.)	[ðiskolía]
problema (m)	πρόβλημα (ουδ.)	[próvlima]
catástrofe (f)	καταστροφή (θηλ.)	[katastrofí]

economia (f)	οικονομία (θηλ.)	[ikonomía]
econômico (adj)	οικονομικός	[ikonomikós]
recessão (f) econômica	οικονομική ύφεση (θηλ.)	[ikonomikí ifesi]

objetivo (m)	στόχος (αρ.)	[stóxos]
tarefa (f)	καθήκον (ουδ.)	[kaθíkon]

comerciar (vi, vt)	εμπορεύομαι	[emborévome]
rede (de distribuição)	δίκτυο (ουδ.)	[ðíktio]

| estoque (m) | απόθεμα (ουδ.) | [apóthema] |
| sortimento (m) | ποικιλία (θηλ.) | [pikilía] |

líder (m)	αρχηγός (αρ.)	[arxiɣós]
grande (~ empresa)	μεγάλος	[meɣálʲos]
monopólio (m)	μονοπώλιο (ουδ.)	[monopólio]

teoria (f)	θεωρία (θηλ.)	[θeoría]
prática (f)	πρακτική (θηλ.)	[praktikí]
experiência (f)	εμπειρία (θηλ.)	[embiría]
tendência (f)	τάση (θηλ.)	[tási]
desenvolvimento (m)	εξέλιξη (θηλ.)	[ekséliksi]

71. Processos negociais. Parte 2

| rentabilidade (f) | κέρδος (ουδ.) | [kérðos] |
| rentável (adj) | κερδοφόρος | [kerðofóros] |

delegação (f)	αντιπροσωπεία (θηλ.)	[andiprosopía]
salário, ordenado (m)	μισθός (αρ.)	[misθós]
corrigir (~ um erro)	διορθώνω	[ðiorθóno]
viagem (f) de negócios	επαγγελματικό ταξίδι (ουδ.)	[epangelʲmatikó taksíði]
comissão (f)	επιτροπή (θηλ.)	[epitropí]

controlar (vt)	ελέγχω	[elénxo]
conferência (f)	συνέδριο (ουδ.)	[sinéðrio]
licença (f)	άδεια (θηλ.)	[áðia]
confiável (adj)	αξιόπιστος	[aksiópistos]

empreendimento (m)	πρωτοβουλία (θηλ.)	[protovulía]
norma (f)	προδιαγραφή (θηλ.)	[proðiaɣrafí]
circunstância (f)	περίσταση (θηλ.)	[perístasi]
dever (do empregado)	υποχρέωση (θηλ.)	[ipoxréosi]

empresa (f)	οργάνωση (θηλ.)	[orɣánosi]
organização (f)	οργάνωση (θηλ.)	[orɣánosi]
organizado (adj)	οργανωμένος	[orɣanoménos]
anulação (f)	ακύρωση (θηλ.)	[akírosi]
anular, cancelar (vt)	ακυρώνω	[akiróno]
relatório (m)	έκθεση, αναφορά (θηλ.)	[ékθesi], [anaforá]

patente (f)	πατέντα (θηλ.)	[paténda]
patentear (vt)	πατεντάρω	[patendáro]
planejar (vt)	σχεδιάζω	[sxeðiázo]

bônus (m)	μπόνους (ουδ.)	[bónus]
profissional (adj)	επαγγελματικός	[epangelʲmatikós]
procedimento (m)	διαδικασία (θηλ.)	[ðiaðikasía]

examinar (~ a questão)	εξετάζω	[eksetázo]
cálculo (m)	υπολογισμός (αρ.)	[ipolʲojizmós]
reputação (f)	υπόληψη (θηλ.)	[ipólipsi]
risco (m)	ρίσκο (ουδ.)	[rísko]
dirigir (~ uma empresa)	διευθύνω	[ðiefθíno]

informação (f)	στοιχεία (ουδ.πλ.)	[stixía]
propriedade (f)	ιδιοκτησία (θηλ.)	[iðioktisía]
união (f)	ένωση (θηλ.)	[énosi]

seguro (m) de vida	ασφάλιση ζωής (θηλ.)	[asfálisi zoís]
fazer um seguro	ασφαλίζω	[asfalízo]
seguro (m)	ασφάλεια (θηλ.)	[asfália]

leilão (m)	δημοπρασία (θηλ.)	[ðimoprasía]
notificar (vt)	ειδοποιώ	[iðopió]
gestão (f)	διοίκηση (θηλ.)	[ðiíkisi]
serviço (indústria de ~s)	υπηρεσία (θηλ.)	[ipiresía]

fórum (m)	φόρουμ (ουδ.)	[fórum]
funcionar (vi)	λειτουργώ	[liturɣó]
estágio (m)	στάδιο (ουδ.)	[stáðio]
jurídico, legal (adj)	νομικός	[nomikós]
advogado (m)	νομικός (αρ.)	[nomikós]

72. Produção. Trabalhos

usina (f)	εργοστάσιο (ουδ.)	[erɣostásio]
fábrica (f)	εργοστάσιο (ουδ.)	[erɣostásio]
oficina (f)	εργαστήρι (ουδ.)	[erɣastíri]
local (m) de produção	παραγωγική μονάδα (θηλ.)	[paraɣojikí monáða]

indústria (f)	βιομηχανία (θηλ.)	[viomixanía]
industrial (adj)	βιομηχανικός	[viomixanikós]
indústria (f) pesada	βαριά βιομηχανία (θηλ.)	[variá viomixanía]
indústria (f) ligeira	ελαφρά βιομηχανία (θηλ.)	[elʲafrá viomixanía]

produção (f)	προϊόντα (ουδ.πλ.)	[projónda]
produzir (vt)	παράγω	[paráɣo]
matérias-primas (f pl)	πρώτες ύλες (θηλ.πλ.)	[prótes íles]

chefe (m) de obras	εργοδηγός (αρ.)	[erɣoðiɣós]
equipe (f)	ομάδα (θηλ.)	[omáða]
operário (m)	εργάτης (αρ.)	[erɣátis]

dia (m) de trabalho	εργάσιμη μέρα (θηλ.)	[erɣásimi méra]
intervalo (m)	διάλειμμα (ουδ.)	[ðiálima]
reunião (f)	σύσκεψη (θηλ.)	[sískepsi]
discutir (vt)	συζητώ	[sizitó]

plano (m)	σχέδιο (ουδ.)	[sxéðio]
cumprir o plano	υλοποιώ το σχέδιο	[ilʲopió to sxéðio]
taxa (f) de produção	ρυθμός παραγωγής (αρ.)	[riθmós paraɣojís]
qualidade (f)	ποιότητα (θηλ.)	[piótita]
controle (m)	έλεγχος (αρ.)	[élenxos]
controle (m) da qualidade	έλεγχος ποιότητας (αρ.)	[élenxos piótitas]

segurança (f) no trabalho	ασφάλεια της εργασίας (θηλ.)	[asfália tis erɣasías]
disciplina (f)	πειθαρχία (θηλ.)	[piθarxía]
infração (f)	παράβαση (θηλ.)	[parávasi]

violar (as regras)	παραβιάζω	[paraviázo]
greve (f)	απεργία (θηλ.)	[aperjía]
grevista (m)	απεργός (αρ.)	[aperγós]
estar em greve	απεργώ	[aperγó]
sindicato (m)	συνδικάτο (ουδ.)	[sinðikáto]

inventar (vt)	εφευρίσκω	[efevrísko]
invenção (f)	εφεύρεση (θηλ.)	[efévresi]
pesquisa (f)	έρευνα (θηλ.)	[érevna]
melhorar (vt)	βελτιώνω	[vel'tióno]
tecnologia (f)	τεχνολογία (θηλ.)	[texnol'ojía]
desenho (m) técnico	σχέδιο (ουδ.)	[sxédio]

carga (f)	φορτίο (ουδ.)	[fortío]
carregador (m)	φορτωτής (αρ.)	[fortotís]
carregar (o caminhão, etc.)	φορτώνω	[fortóno]
carregamento (m)	φόρτωση (θηλ.)	[fórtosi]
descarregar (vt)	ξεφορτώνω	[ksefortóno]
descarga (f)	ξεφόρτωμα (ουδ.)	[ksefórtoma]

transporte (m)	μεταφορά (θηλ.)	[metaforá]
companhia (f) de transporte	μεταφορική εταιρία (θηλ.)	[metaforikí etería]
transportar (vt)	μεταφέρω	[metaféro]

vagão (m) de carga	φορτηγό βαγόνι (ουδ.)	[fortiγó vaγóni]
tanque (m)	δεξαμενή (θηλ.)	[ðeksamení]
caminhão (m)	φορτηγό (ουδ.)	[fortiγó]

máquina (f) operatriz	εργαλειομηχανή (θηλ.)	[erγaliomixaní]
mecanismo (m)	μηχανισμός (αρ.)	[mixanizmós]

resíduos (m pl) industriais	βιομηχανικά απόβλητα (ουδ.πλ.)	[viomixaniká apóvlita]
embalagem (f)	συσκευασία (θηλ.)	[siskevasía]
embalar (vt)	συσκευάζω	[siskevázo]

73. Contrato. Acordo

contrato (m)	συμβόλαιο (ουδ.)	[simvóleo]
acordo (m)	συμφωνία (θηλ.)	[simfonía]
adendo, anexo (m)	παράρτημα (ουδ.)	[parártima]

assinar o contrato	υπογράφω συμβόλαιο	[ipoγráfo simvóleo]
assinatura (f)	υπογραφή (θηλ.)	[ipoγrafí]
assinar (vt)	υπογράφω	[ipoγráfo]
carimbo (m)	σφραγίδα (θηλ.)	[sfrajíða]

objeto (m) do contrato	αντικείμενο της συμβάσης (ουδ.)	[andikímeno tis simvásis]
cláusula (f)	ρήτρα (θηλ.)	[rítra]
partes (f pl)	συμβαλλόμενοι (αρ.πλ.)	[simval'ómeni]
domicílio (m) legal	διεύθυνση εγγεγραμμένου γραφείου (θηλ.)	[ðiéfθinsi engeγraménu γrafíu]
violar o contrato	παραβιάζω τη σύμβαση	[paraviázo ti símvasi]

obrigação (f)	υποχρέωση (θηλ.)	[ipoxréosi]
responsabilidade (f)	ευθύνη (θηλ.)	[efθíni]
força (f) maior	ανωτέρα βία (θηλ.)	[anotéra vía]
litígio (m), disputa (f)	διαφωνία, διαφορά (θηλ.)	[ðiafonía], [ðiaforá]
multas (f pl)	κυρώσεις (θηλ.πλ.)	[kirósis]

74. Importação & Exportação

importação (f)	εισαγωγή (θηλ.)	[isaγoʝí]
importador (m)	εισαγωγέας (αρ.)	[isaγoʝéas]
importar (vt)	εισάγω	[isáγo]
de importação	εισαγόμενος	[isaγómenos]

| exportador (m) | εξαγωγέας (αρ.) | [eksaγoʝéas] |
| exportar (vt) | εξάγω | [eksáγo] |

| mercadoria (f) | εμπόρευμα (ουδ.) | [embórevma] |
| lote (de mercadorias) | παρτίδα (θηλ.) | [partíða] |

peso (m)	βάρος (ουδ.)	[város]
volume (m)	όγκος (αρ.)	[óngos]
metro (m) cúbico	κυβικό μέτρο (ουδ.)	[kivikó métro]

produtor (m)	παραγωγός (αρ.)	[paraγoγós]
companhia (f) de transporte	μεταφορική εταιρία (θηλ.)	[metaforikí etería]
contêiner (m)	εμπορευματοκιβώτιο (ουδ.)	[emborevmatokivótio]

fronteira (f)	σύνορο (ουδ.)	[sínoro]
alfândega (f)	τελωνείο (ουδ.)	[telʲonío]
taxa (f) alfandegária	τελωνειακός δασμός (αρ.)	[telʲoniakós ðazmós]
funcionário (m) da alfândega	τελωνειακός (αρ.)	[telʲoniakós]
contrabando (atividade)	λαθρεμπόριο (ουδ.)	[lʲaθrembório]
contrabando (produtos)	λαθραία εμπορεύματα (ουδ.πλ.)	[lʲaθréa emborévmata]

75. Finanças

ação (f)	μετοχή (θηλ.)	[metoxí]
obrigação (f)	ομόλογο (ουδ.)	[omólʲoγo]
nota (f) promissória	γραμμάτιο (ουδ.)	[γramátio]

| bolsa (f) de valores | χρηματιστήριο (ουδ.) | [xrimatistírio] |
| cotação (m) das ações | τιμή μετοχής (θηλ.) | [timí metoxís] |

| tornar-se mais barato | πέφτω | [péfto] |
| tornar-se mais caro | ακριβαίνω | [akrivéno] |

participação (f) majoritária	ελέγχουσα συμμετοχή (θηλ.)	[elénxusa simetoxí]
investimento (m)	επενδύσεις (θηλ.πλ.)	[epenðísis]
investir (vt)	επενδύω	[epenðío]
porcentagem (f)	τοις εκατό	[tis ekató]
juros (m pl)	τόκος (αρ.)	[tókos]

lucro (m)	**κέρδος** (ουδ.)	[kérðos]
lucrativo (adj)	**κερδοφόρος**	[kerðofóros]
imposto (m)	**φόρος** (αρ.)	[fóros]

divisa (f)	**συνάλλαγμα** (ουδ.)	[sinálⁱaɣma]
nacional (adj)	**εθνικός**	[eθnikós]
câmbio (m)	**ανταλλαγή** (θηλ.)	[andalⁱaʝí]

contador (m)	**λογιστής** (αρ.)	[lⁱoʝistís]
contabilidade (f)	**λογιστήριο** (αρ.)	[lⁱoʝistírio]

falência (f)	**χρεοκοπία** (θηλ.)	[xreokopía]
falência, quebra (f)	**κατάρρευση** (θηλ.)	[katárefsi]
ruína (f)	**χρεοκοπία** (θηλ.)	[xreokopía]
estar quebrado	**χρεοκοπώ**	[xreokopó]
inflação (f)	**πληθωρισμός** (αρ.)	[pliθorizmós]
desvalorização (f)	**υποτίμηση** (θηλ.)	[ipotímisi]

capital (m)	**κεφάλαιο** (ουδ.)	[kefáleo]
rendimento (m)	**κέρδος** (ουδ.)	[kérðos]
volume (m) de negócios	**τζίρος** (αρ.)	[dzíros]

recursos (m pl)	**πόροι** (αρ.πλ.)	[pórі]
recursos (m pl) financeiros	**νομισματικοί πόροι** (αρ.πλ.)	[nomizmatikí pórі]
reduzir (vt)	**μειώνω**	[mióno]

76. Marketing

marketing (m)	**μάρκετινγκ** (ουδ.)	[márketing]
mercado (m)	**αγορά** (θηλ.)	[aɣorá]
segmento (m) do mercado	**τμήμα αγοράς** (ουδ.)	[tmíma aɣorás]

produto (m)	**προϊόν** (ουδ.)	[projón]
mercadoria (f)	**εμπόρευμα** (ουδ.)	[embórevma]

marca (f)	**εμπορικό σήμα** (ουδ.)	[emborikó síma]
logotipo (m)	**λογότυπο** (ουδ.)	[lⁱoɣótipo]
logo (m)	**λογότυπο** (ουδ.)	[lⁱoɣótipo]

demanda (f)	**ζήτηση** (θηλ.)	[zítisi]
oferta (f)	**προσφορά** (θηλ.)	[prosforá]

necessidade (f)	**ανάγκη** (θηλ.)	[anángi]
consumidor (m)	**καταναλωτής** (αρ.)	[katanalⁱotís]

análise (f)	**ανάλυση** (θηλ.)	[análisi]
analisar (vt)	**αναλύω**	[analío]

posicionamento (m)	**τοποθέτηση** (θηλ.)	[topoθétisi]
posicionar (vt)	**τοποθετώ**	[topoθetó]

preço (m)	**τιμή** (θηλ.)	[timí]
política (f) de preços	**πολιτική τιμών** (θηλ.)	[politikí timón]
formação (f) de preços	**τιμολόγηση** (θηλ.)	[timolⁱójisi]

77. Publicidade

publicidade (f)	διαφήμιση (θηλ.)	[ðiafímisi]
fazer publicidade	διαφημίζω	[ðiafimízo]
orçamento (m)	προϋπολογισμός (αρ.)	[proipol'ojizmós]

anúncio (m)	διαφήμιση (θηλ.)	[ðiafímisi]
publicidade (f) na TV	τηλεοπτική διαφήμιση (θηλ.)	[tileoptikí ðiafímisi]
publicidade (f) na rádio	ραδιοφωνική διαφήμιση (θηλ.)	[raðiofonikí ðiafímisi]
publicidade (f) exterior	εξωτερική διαφήμιση (θηλ.)	[eksorterikí ðiafímisi]

comunicação (f) de massa	μέσα μαζικής ενημέρωσης (ουδ.πλ.)	[mésa mazikís enimérosis]
periódico (m)	περιοδικό (ουδ.)	[perioðikó]
imagem (f)	εικόνα (θηλ.)	[ikóna]

slogan (m)	σύνθημα (ουδ.)	[sínθima]
mote (m), lema (f)	μότο (ουδ.)	[móto]

campanha (f)	καμπάνια (θηλ.)	[kambánia]
campanha (f) publicitária	διαφημιστική καμπάνια (θηλ.)	[ðiafimistikí kambánia]
grupo (m) alvo	ομάδα στόχος (θηλ.)	[omáda stóxos]

cartão (m) de visita	επαγγελματική κάρτα (θηλ.)	[epangel'matikí kárta]
panfleto (m)	φυλλάδιο (ουδ.)	[fil'áðio]
brochura (f)	φυλλάδιο (ουδ.)	[fil'áðio]
folheto (m)	φυλλάδιο (ουδ.)	[fil'áðio]
boletim (~ informativo)	ενημερωτικό δελτίο (ουδ.)	[enimerotikó del'tío]

letreiro (m)	ταμπέλα (θηλ.)	[tabél'a]
cartaz, pôster (m)	αφίσα, πόστερ (ουδ.)	[afísa], [póster]
painel (m) publicitário	διαφημιστική πινακίδα (θηλ.)	[ðiafimistikí pinakíða]

78. Banca

banco (m)	τράπεζα (θηλ.)	[trápeza]
balcão (f)	κατάστημα (ουδ.)	[katástima]

consultor (m) bancário	υπάλληλος (αρ.)	[ipáli'os]
gerente (m)	διευθυντής (αρ.)	[ðiefθindís]

conta (f)	λογαριασμός (αρ.)	[l'oγariazmós]
número (m) da conta	αριθμός λογαριασμού (αρ.)	[ariθmós l'oγariazmú]
conta (f) corrente	τρεχούμενος λογαριασμός (αρ.)	[trexúmenos l'oγariazmós]

abrir uma conta	ανοίγω λογαριασμό	[aníγo l'oγariazmó]
fechar uma conta	κλείνω λογαριασμό	[klíno l'oγariazmó]
depositar na conta	καταθέτω στο λογαριασμό	[kataθéto sto l'oγariazmó]
sacar (vt)	κάνω ανάληψη	[káno análipsi]
depósito (m)	κατάθεση (θηλ.)	[katáθesi]

fazer um depósito	καταθέτω	[kataθéto]
transferência (f) bancária	έμβασμα (ουδ.)	[émvazma]
transferir (vt)	εμβάζω	[emvázo]

| soma (f) | ποσό (ουδ.) | [posó] |
| Quanto? | Πόσο κάνει; | póso káni? |

| assinatura (f) | υπογραφή (θηλ.) | [ipoγrafí] |
| assinar (vt) | υπογράφω | [ipoγráfo] |

cartão (m) de crédito	πιστωτική κάρτα (θηλ.)	[pistotikí kárta]
senha (f)	κωδικός (αρ.)	[koðikós]
número (m) do cartão de crédito	αριθμός πιστωτικής κάρτας (αρ.)	[ariθmós pistotikís kártas]
caixa (m) eletrônico	ATM (ουδ.)	[eitiém]

cheque (m)	επιταγή (θηλ.)	[epitaʝí]
passar um cheque	κόβω επιταγή	[kóvo epitaʝí]
talão (m) de cheques	βιβλιάριο επιταγών (ουδ.)	[vivliário epitaγón]

empréstimo (m)	δάνειο (ουδ.)	[ðánio]
pedir um empréstimo	υποβάλλω αίτηση για δάνειο	[ipováľo étisi ʝa ðánio]
obter empréstimo	παίρνω δάνειο	[pérno ðánio]
dar um empréstimo	παρέχω δάνειο	[paréxo ðánio]

79. Telefone. Conversação telefônica

telefone (m)	τηλέφωνο (ουδ.)	[tiléfono]
celular (m)	κινητό τηλέφωνο (ουδ.)	[kinitó tiléfono]
secretária (f) eletrônica	τηλεφωνητής (αρ.)	[tilefonitís]

| fazer uma chamada | τηλεφωνώ | [tilefonó] |
| chamada (f) | κλήση (θηλ.) | [klísi] |

discar um número	καλώ έναν αριθμό	[kaľó énan ariθmó]
Alô!	Εμπρός!	[embrós]
perguntar (vt)	ρωτάω	[rotáo]
responder (vt)	απαντώ	[apandó]

ouvir (vt)	ακούω	[akúo]
bem	καλά	[kaľá]
mal	χάλια	[xália]
ruído (m)	παρεμβολές (θηλ.πλ.)	[paremvolés]

fone (m)	ακουστικό (ουδ.)	[akustikó]
pegar o telefone	σηκώνω το ακουστικό	[sikóno to akustikó]
desligar (vi)	κλείνω το τηλεφώνο	[klíno to tiléfono]

ocupado (adj)	κατειλημμένος	[katiliménos]
tocar (vi)	χτυπάω	[xtipáo]
lista (f) telefônica	τηλεφωνικός κατάλογος (αρ.)	[tilefonikós katáľoγos]

| local (adj) | τοπική | [topikí] |

| de longa distância | υπεραστική | [iperastikí] |
| internacional (adj) | διεθνής | [ðieθnís] |

80. Telefone móvel

celular (m)	κινητό τηλέφωνο (ουδ.)	[kinitó tiléfono]
tela (f)	οθόνη (θηλ.)	[oθóni]
botão (m)	κουμπί (ουδ.)	[kumbí]
cartão SIM (m)	κάρτα SIM (θηλ.)	[kárta sim]

bateria (f)	μπαταρία (θηλ.)	[bataría]
descarregar-se (vr)	εξαντλούμαι	[eksantlʲúme]
carregador (m)	φορτιστής (αρ.)	[fortistís]

| menu (m) | μενού (ουδ.) | [menú] |
| configurações (f pl) | ρυθμίσεις (θηλ.πλ.) | [riθmísis] |

| melodia (f) | μελωδία (θηλ.) | [melʲoðía] |
| escolher (vt) | επιλέγω | [epiléγo] |

calculadora (f)	αριθμομηχανή (θηλ.)	[ariθmomixaní]
correio (m) de voz	τηλεφωνητής (αρ.)	[tilefonitís]
despertador (m)	ξυπνητήρι (ουδ.)	[ksipnitíri]
contatos (m pl)	επαφές (θηλ.πλ.)	[epafés]

| mensagem (f) de texto | μήνυμα SMS (ουδ.) | [mínima esemés] |
| assinante (m) | συνδρομητής (αρ.) | [sinðromitís] |

81. Estacionário

| caneta (f) | στιλό διαρκείας (ουδ.) | [stilʲó ðiarkías] |
| caneta (f) tinteiro | πέννα (θηλ.) | [péna] |

lápis (m)	μολύβι (ουδ.)	[molívi]
marcador (m) de texto	μαρκαδόρος (αρ.)	[markaðóros]
caneta (f) hidrográfica	μαρκαδόρος (αρ.)	[markaðóros]

| bloco (m) de notas | μπλοκ (ουδ.) | [blʲok] |
| agenda (f) | ατζέντα (θηλ.) | [adzénda] |

régua (f)	χάρακας (αρ.)	[xárakas]
calculadora (f)	αριθμομηχανή (θηλ.)	[ariθmomixaní]
borracha (f)	γόμα (θηλ.)	[γóma]

| alfinete (m) | πινέζα (θηλ.) | [pinéza] |
| clipe (m) | συνδετήρας (αρ.) | [sinðetíras] |

| cola (f) | κόλλα (θηλ.) | [kólʲa] |
| grampeador (m) | συρραπτικό (ουδ.) | [siraptikó] |

| furador (m) de papel | περφορατέρ (ουδ.) | [perforatér] |
| apontador (m) | ξύστρα (θηλ.) | [ksístra] |

82. Tipos de negócios

serviços (m pl) de contabilidade	λογιστικές υπηρεσίες (θηλ.πλ.)	[l⁾ojistikés iperisíes]
publicidade (f)	διαφήμιση (θηλ.)	[ðiafímisi]
agência (f) de publicidade	διαφημιστικό πρακτορείο (ουδ.)	[ðiafimistikó praktorío]
ar (m) condicionado	κλιματιστικά (ουδ.πλ.)	[klimatistiká]
companhia (f) aérea	αεροπορική εταιρεία (θηλ.)	[aeroporikí etería]
bebidas (f pl) alcoólicas	αλκοολούχα ποτά (ουδ.πλ.)	[al⁾kool⁾úxa potá]
comércio (m) de antiguidades	αντίκες (θηλ.πλ.)	[andíkes]
galeria (f) de arte	γκαλερί (θηλ.)	[galerí]
serviços (m pl) de auditoria	ελεγκτικές υπηρεσίες (θηλ.πλ.)	[elengtikés iperisíes]
negócios (m pl) bancários	τραπεζικός τομέας (αρ.)	[trapezikós toméas]
bar (m)	μπαρ (ουδ.)	[bar]
salão (m) de beleza	κέντρο ομορφιάς (ουδ.)	[kéndro omorfiás]
livraria (f)	βιβλιοπωλείο (ουδ.)	[vivliopolío]
cervejaria (f)	ζυθοποιία (θηλ.)	[ziθopiía]
centro (m) de escritórios	κτίριο γραφείων (ουδ.)	[ktírio ɣrafíon]
escola (f) de negócios	σχολή επιχειρήσεων (θηλ.)	[sxolí epixiríseon]
cassino (m)	καζίνο (ουδ.)	[kazíno]
construção (f)	κατασκευές (θηλ.πλ.)	[kataskevés]
consultoria (f)	συμβουλευτικές υπηρεσίες (θηλ.πλ.)	[simvuleftikés ipiresíes]
clínica (f) dentária	οδοντιατρική κλινική (θηλ.)	[oðondiatrikí klinikí]
design (m)	σχεδιασμός (αρ.)	[sxeðiazmós]
drogaria (f)	φαρμακείο (ουδ.)	[farmakío]
lavanderia (f)	στεγνοκαθαριστήριο (ουδ.)	[steɣnokaθaristírio]
agência (f) de emprego	γραφείο ευρέσεως εργασίας (ουδ.)	[ɣrafío évresis erɣasías]
serviços (m pl) financeiros	χρηματοοικονομικές υπηρεσίες (θηλ.πλ.)	[xrimatikonomikés ipiresíes]
alimentos (m pl)	τρόφιμα (ουδ.πλ.)	[trófima]
funerária (f)	γραφείο τελετών (ουδ.)	[ɣrafío teletón]
mobiliário (m)	έπιπλα (ουδ.πλ.)	[épipl⁾a]
roupa (f)	ενδύματα (ουδ.πλ.)	[enðímata]
hotel (m)	ξενοδοχείο (ουδ.)	[ksenoðoxío]
sorvete (m)	παγωτό (ουδ.)	[paɣotó]
indústria (f)	βιομηχανία (θηλ.)	[viomixanía]
seguro (~ de vida, etc.)	ασφάλιση (θηλ.)	[asfálisi]
internet (f)	διαδίκτυο (ουδ.)	[ðiaðíktio]
investimento (m)	επενδύσεις (θηλ.πλ.)	[epenðísis]
joalheiro (m)	κοσμηματοπώλης (αρ.)	[kozmimatopólis]
joias (f pl)	κοσμήματα (ουδ.πλ.)	[kozmímata]
lavanderia (f)	καθαριστήριο ρούχων (ουδ.)	[kaθaristírio rúxon]
assessorias (f pl) jurídicas	νομικός σύμβουλος (αρ.)	[nomikós símvul⁾os]
indústria (f) ligeira	ελαφρά βιομηχανία (θηλ.)	[el⁾afrá viomixanía]

revista (f)	περιοδικό (ουδ.)	[perioðikó]
vendas (f pl) por catálogo	πωλήσεις με αλληλογραφία (θηλ.πλ.)	[polísis me aliloγrafía]
medicina (f)	ιατρική (θηλ.)	[jatrikí]
cinema (m)	κινηματογράφος (αρ.)	[kinimatoγráfos]
museu (m)	μουσείο (ουδ.)	[musío]
agência (f) de notícias	ειδησεογραφικό πρακτορείο (ουδ.)	[iðiseoγrafikó praktorío]
jornal (m)	εφημερίδα (θηλ.)	[efimeríða]
boate (casa noturna)	νυχτερινό κέντρο (ουδ.)	[nixterinó kéndro]
petróleo (m)	πετρέλαιο (ουδ.)	[petréleo]
serviços (m pl) de remessa	υπηρεσία ταχυμεταφοράς (θηλ.)	[ipiresía taximetaforás]
indústria (f) farmacêutica	φαρμακοποιία (θηλ.)	[farmakopiía]
tipografia (f)	τυπογραφία (θηλ.)	[tipoγrafía]
editora (f)	εκδοτικός οίκος (αρ.)	[ekðotikós íkos]
rádio (m)	ραδιόφωνο (ουδ.)	[raðiófono]
imobiliário (m)	ακίνητη περιουσία (θηλ.)	[akíniti periusía]
restaurante (m)	εστιατόριο (ουδ.)	[estiatório]
empresa (f) de segurança	εταιρεία παροχής υπηρεσιών ασφαλείας (θηλ.)	[etería paroxís ipiresión asfalías]
esporte (m)	αθλητισμός (αρ.)	[aθlitizmós]
bolsa (f) de valores	χρηματιστήριο (ουδ.)	[xrimatistírio]
loja (f)	κατάστημα (ουδ.)	[katástima]
supermercado (m)	σουπερμάρκετ (ουδ.)	[supermárket]
piscina (f)	πισίνα (θηλ.)	[pisína]
alfaiataria (f)	ραφτάδικο (ουδ.)	[raftáðiko]
televisão (f)	τηλεόραση (θηλ.)	[tileórasi]
teatro (m)	θέατρο (ουδ.)	[θéatro]
comércio (m)	εμπόριο (ουδ.)	[embório]
serviços (m pl) de transporte	μεταφορά (θηλ.)	[metaforá]
viagens (f pl)	τουρισμός (αρ.)	[turizmós]
veterinário (m)	κτηνίατρος (αρ.)	[ktiníatros]
armazém (m)	αποθήκη (θηλ.)	[apoθíki]
recolha (f) do lixo	αποκομιδή απορριμάτων (θηλ.)	[apokomiðí aporimáton]

Emprego. Negócios. Parte 2

83. Espetáculo. Feira

feira, exposição (f)	έκθεση (θηλ.)	[ékθesi]
feira (f) comercial	εμπορική έκθεση (θηλ.)	[emborikí ékθesi]
participação (f)	συμμετοχή (θηλ.)	[simetoxí]
participar (vi)	συμμετέχω	[simetéxo]
participante (m)	εκθέτης (αρ.)	[ekθétis]
diretor (m)	διευθυντής (αρ.)	[ðiefθindís]
direção (f)	διοργανώτρια εταιρεία (αρ.)	[ðiorɣanótria etería]
organizador (m)	οργανωτής (αρ.)	[orɣanotís]
organizar (vt)	διοργανώνω	[ðiorɣanóno]
ficha (f) de inscrição	δήλωση συμμετοχής (θηλ.)	[ðíľosi simetoxís]
preencher (vt)	συμπληρώνω	[simbliróno]
detalhes (m pl)	λεπτομέρειες (θηλ.πλ.)	[leptoméries]
informação (f)	πληροφορίες (θηλ.πλ.)	[plirofories]
preço (m)	τιμή (θηλ.), κόστος (ουδ.)	[timí], [kóstos]
incluindo	συμπεριλαμβανομένου	[simberiľamvanoménu]
incluir (vt)	συμπεριλαμβάνω	[simberiľamváno]
pagar (vt)	πληρώνω	[pliróno]
taxa (f) de inscrição	κόστος εγγραφής (ουδ.)	[kóstos engrafís]
entrada (f)	είσοδος (θηλ.)	[ísoðos]
pavilhão (m), salão (f)	αίθουσα (θηλ.), περίπτερο (ουδ.)	[éθusa], [períptero]
inscrever (vt)	καταχωρώ	[kataxoró]
crachá (m)	κονκάρδα (θηλ.)	[konkárða]
stand (m)	περίπτερο (ουδ.)	[períptero]
reservar (vt)	κλείνω	[klíno]
vitrine (f)	βιτρίνα (θηλ.)	[vitrína]
lâmpada (f)	προβολέας (αρ.)	[provoléas]
design (m)	σχεδιασμός (αρ.)	[sxeðiazmós]
pôr (posicionar)	τοποθετώ	[topoθetó]
distribuidor (m)	διανομέας (αρ.)	[ðianoméas]
fornecedor (m)	προμηθευτής (αρ.)	[promiθeftís]
país (m)	χώρα (θηλ.)	[xóra]
estrangeiro (adj)	ξένος	[ksénos]
produto (m)	προϊόν (ουδ.)	[projón]
associação (f)	σύλλογος (αρ.)	[síľoɣos]
sala (f) de conferência	αίθουσα συνεδριάσεων (θηλ.)	[éθusa sineðriáseon]

| congresso (m) | συνέδριο (ουδ.) | [sinéðrio] |
| concurso (m) | διαγωνισμός (αρ.) | [ðiaγonizmós] |

visitante (m)	επισκέπτης (αρ.)	[episképtis]
visitar (vt)	επισκέπτομαι	[episképtome]
cliente (m)	πελάτης (αρ.)	[pelʲátis]

84. Ciência. Investigação. Cientistas

ciência (f)	επιστήμη (θηλ.)	[epistími]
científico (adj)	επιστημονικός	[epistimonikós]
cientista (m)	επιστήμονας (αρ.)	[epistímonas]
teoria (f)	θεωρία (θηλ.)	[θeoría]

axioma (m)	αξίωμα (ουδ.)	[aksíoma]
análise (f)	ανάλυση (θηλ.)	[análisi]
analisar (vt)	αναλύω	[analío]
argumento (m)	επιχείρημα (ουδ.)	[epixírima]
substância (f)	ουσία (θηλ.)	[usía]

hipótese (f)	υπόθεση (θηλ.)	[ipóθesi]
dilema (m)	δίλημμα (ουδ.)	[ðílima]
tese (f)	διατριβή (θηλ.)	[ðiatriví]
dogma (m)	δόγμα (ουδ.)	[ðóγma]

doutrina (f)	δοξασία (θηλ.)	[ðoksasía]
pesquisa (f)	έρευνα (θηλ.)	[érevna]
pesquisar (vt)	ερευνώ	[erevnó]
testes (m pl)	δοκιμές (θηλ.πλ.)	[ðokimés]
laboratório (m)	εργαστήριο (ουδ.)	[erγastírio]

método (m)	μέθοδος (θηλ.)	[méθoðos]
molécula (f)	μόριο (ουδ.)	[mório]
monitoramento (m)	παρακολούθηση (θηλ.)	[parakolʲúθisi]
descoberta (f)	ανακάλυψη (θηλ.)	[anakálipsi]

postulado (m)	αξίωμα (ουδ.)	[aksíoma]
princípio (m)	αρχή (θηλ.)	[arxí]
prognóstico (previsão)	πρόγνωση (θηλ.)	[próγnosi]
prognosticar (vt)	προβλέπω	[provlépo]

síntese (f)	σύνθεση (θηλ.)	[sínθesi]
tendência (f)	τάση (θηλ.)	[tási]
teorema (m)	θεώρημα (ουδ.)	[θeórima]

ensinamentos (m pl)	διδαχές (θηλ.πλ.)	[ðiðaxés]
fato (m)	γεγονός (ουδ.)	[jeγonós]
expedição (f)	αποστολή (θηλ.)	[apostolí]
experiência (f)	πείραμα (ουδ.)	[pírama]

acadêmico (m)	ακαδημαϊκός (αρ.)	[akaðimaikós]
bacharel (m)	πτυχιούχος (αρ.)	[ptixiúxos]
doutor (m)	δόκτορας (αρ.)	[ðóktoras]
professor (m) associado	επίκουρος καθηγητής (αρ.)	[epíkuros kaθijitís]

| mestrado (m) | κάτοχος μάστερ (αρ.) | [kátoxos máster] |
| professor (m) | καθηγητής (αρ.) | [kaθijitís] |

Profissões e ocupações

85. Procura de emprego. Demissão

trabalho (m)	δουλειά (θηλ.)	[δuliá]
equipe (f)	προσωπικό (ουδ.)	[prosopikó]
carreira (f)	καριέρα (θηλ.)	[kariéra]
perspectivas (f pl)	προοπτικές (θηλ.πλ.)	[prooptikés]
habilidades (f pl)	μαστοριά (θηλ.)	[mastoriá]
seleção (f)	επιλογή (θηλ.)	[epiʰojí]
agência (f) de emprego	γραφείο ευρέσεως εργασίας (ουδ.)	[γrafío évresis erγasías]
currículo (m)	βιογραφικό (ουδ.)	[vioγrafikó]
entrevista (f) de emprego	συνέντευξη (θηλ.)	[sinéndefksi]
vaga (f)	κενή θέση (θηλ.)	[kení θési]
salário (m)	μισθός (αρ.)	[misθós]
salário (m) fixo	άκαμπτος μισθός (αρ.)	[ákamptos misθós]
pagamento (m)	αμοιβή (θηλ.)	[amiví]
cargo (m)	θέση (θηλ.)	[θési]
dever (do empregado)	υποχρέωση (θηλ.)	[ipoxréosi]
gama (f) de deveres	φάσμα καθηκόντων (ουδ.)	[fázma kaθikóndon]
ocupado (adj)	απασχολημένος	[apasxoliménos]
despedir, demitir (vt)	απολύω	[apolío]
demissão (f)	απόλυση (θηλ.)	[apólisi]
desemprego (m)	ανεργία (θηλ.)	[anerjía]
desempregado (m)	άνεργος (αρ.)	[áneryos]
aposentadoria (f)	σύνταξη (θηλ.)	[síndaksi]
aposentar-se (vr)	βγαίνω σε σύνταξη	[vjéno se síndaksi]

86. Gente de negócios

diretor (m)	διευθυντής (αρ.)	[δiefθindís]
gerente (m)	διευθυντής (αρ.)	[δiefθindís]
patrão, chefe (m)	διαχειριστής (αρ.)	[δiaxiristís]
superior (m)	προϊστάμενος (αρ.)	[projstámenos]
superiores (m pl)	προϊστάμενοι (πλ.)	[projstámeni]
presidente (m)	πρόεδρος (αρ.)	[próeδros]
chairman (m)	πρόεδρος (αρ.)	[próeδros]
substituto (m)	αναπληρωτής (αρ.)	[anaplirotís]
assistente (m)	βοηθός (αρ.)	[voiθós]

secretário (m)	γραμματέας (αρ./θηλ.)	[γramatéas]
secretário (m) pessoal	προσωπικός γραμματέας (αρ.)	[prosopikós γramatéas]

homem (m) de negócios	μπίζνεσμαν (αρ.)	[bíznezman]
empreendedor (m)	επιχειρηματίας (αρ.)	[epixirimatías]
fundador (m)	ιδρυτής (αρ.)	[iðritís]
fundar (vt)	ιδρύω	[iðrío]

principiador (m)	ιδρυτής (αρ.)	[iðritís]
parceiro, sócio (m)	συνέταιρος (αρ.)	[sinéteros]
acionista (m)	μέτοχος (αρ.)	[métoxos]

milionário (m)	εκατομμυριούχος (αρ.)	[ekatomiriúxos]
bilionário (m)	δισεκατομμυριούχος (αρ.)	[ðisekatomiriúxos]
proprietário (m)	ιδιοκτήτης (αρ.)	[iðioktítis]
proprietário (m) de terras	κτηματίας (αρ.)	[ktimatías]

cliente (m)	πελάτης (αρ.)	[pelʲátis]
cliente (m) habitual	τακτικός πελάτης (αρ.)	[taktikós pelʲátis]
comprador (m)	αγοραστής (αρ.)	[aγorastís]
visitante (m)	επισκέπτης (αρ.)	[episképtis]
profissional (m)	επαγγελματίας (αρ.)	[epangelʲmatías]
perito (m)	ειδήμονας (αρ.)	[iðímonas]
especialista (m)	ειδικός (αρ.)	[iðikós]

banqueiro (m)	τραπεζίτης (αρ.)	[trapezítis]
corretor (m)	μεσίτης (αρ.)	[mesítis]

caixa (m, f)	ταμίας (αρ./θηλ.)	[tamías]
contador (m)	λογιστής (αρ.)	[lʲojistís]
guarda (m)	φρουρός (αρ.)	[fílʲakas]

investidor (m)	επενδυτής (αρ.)	[epenðitís]
devedor (m)	χρεώστης (αρ.)	[xreóstis]
credor (m)	πιστωτής (αρ.)	[pistotís]
mutuário (m)	δανειολήπτης (αρ.)	[ðaniolíptis]

importador (m)	εισαγωγέας (αρ.)	[isaγojéas]
exportador (m)	εξαγωγέας (αρ.)	[eksaγojéas]

produtor (m)	παραγωγός (αρ.)	[paraγoγós]
distribuidor (m)	διανομέας (αρ.)	[ðianoméas]
intermediário (m)	μεσολαβητής (αρ.)	[mesolʲavitís]

consultor (m)	σύμβουλος (αρ.)	[símvulʲos]
representante comercial	αντιπρόσωπος (αρ.)	[andiprósopos]
agente (m)	πράκτορας (αρ.)	[práktoras]
agente (m) de seguros	ασφαλιστής (αρ.)	[asfalistís]

87. Profissões de serviços

cozinheiro (m)	μάγειρας (αρ.)	[májiras]
chefe (m) de cozinha	σεφ (αρ./θηλ.)	[sef]

padeiro (m)	φούρναρης (αρ.)	[fúrnaris]
barman (m)	μπάρμαν (αρ.)	[bárman]
garçom (m)	σερβιτόρος (αρ.)	[servitóros]
garçonete (f)	σερβιτόρα (θηλ.)	[servitóra]

advogado (m)	δικηγόρος (αρ.)	[ðikiɣóros]
jurista (m)	νομικός (αρ.)	[nomikós]
notário (m)	συμβολαιογράφος (αρ.)	[simvoleoɣráfos]

eletricista (m)	ηλεκτρολόγος (αρ.)	[ilektrolʲóɣos]
encanador (m)	υδραυλικός (αρ.)	[iðravlikós]
carpinteiro (m)	μαραγκός (αρ.)	[marangós]

massagista (m)	μασέρ (αρ.)	[masér]
massagista (f)	μασέζ (θηλ.)	[maséz]
médico (m)	γιατρός (αρ.)	[ʝatrós]

taxista (m)	ταξιτζής (αρ.)	[taksidzís]
condutor (automobilista)	οδηγός (αρ.)	[oðiɣós]
entregador (m)	κούριερ (αρ.)	[kúrier]

camareira (f)	καμαριέρα (θηλ.)	[kamariéra]
guarda (m)	φρουρός (αρ.)	[fílʲakas]
aeromoça (f)	αεροσυνοδός (θηλ.)	[aerosinoðós]

professor (m)	δάσκαλος (αρ.)	[ðáskalʲos]
bibliotecário (m)	βιβλιοθηκάριος (αρ.)	[vivlioθikários]
tradutor (m)	μεταφραστής (αρ.)	[metafrastís]
intérprete (m)	διερμηνέας (αρ.)	[ðierminéas]
guia (m)	ξεναγός (αρ.)	[ksenaɣós]

cabeleireiro (m)	κομμωτής (αρ.)	[komotís]
carteiro (m)	ταχυδρόμος (αρ.)	[taxiðrómos]
vendedor (m)	πωλητής (αρ.)	[politís]

jardineiro (m)	κηπουρός (αρ.)	[kipurós]
criado (m)	υπηρέτης (αρ.)	[ipirétis]
criada (f)	υπηρέτρια (θηλ.)	[ipirétria]
empregada (f) de limpeza	καθαρίστρια (θηλ.)	[kaθarístria]

88. Profissões militares e postos

soldado (m) raso	απλός στρατιώτης (αρ.)	[aplʲós stratiótis]
sargento (m)	λοχίας (αρ.)	[lʲoxías]
tenente (m)	υπολοχαγός (αρ.)	[ipolʲoxaɣós]
capitão (m)	λοχαγός (αρ.)	[lʲoxaɣós]

major (m)	ταγματάρχης (αρ.)	[taɣmatárxis]
coronel (m)	συνταγματάρχης (αρ.)	[sindaɣmatárxis]
general (m)	στρατηγός (αρ.)	[stratiɣós]
marechal (m)	στρατάρχης (αρ.)	[stratárxis]
almirante (m)	ναύαρχος (αρ.)	[návarxos]
militar (m)	στρατιωτικός (αρ.)	[stratiotikós]
soldado (m)	στρατιώτης (αρ.)	[stratiótis]

oficial (m)	αξιωματικός (αρ.)	[aksiomatikós]
comandante (m)	διοικητής (αρ.)	[ðiikitís]

guarda (m) de fronteira	φρουρός των συνόρων (αρ.)	[frurós ton sinóron]
operador (m) de rádio	χειριστής ασυρμάτου (αρ.)	[xiristís asirmátu]
explorador (m)	ανιχνευτής (αρ.)	[anixneftís]
sapador-mineiro (m)	σκαπανέας (αρ.)	[skapanéas]
atirador (m)	σκοπευτής (αρ.)	[skopeftís]
navegador (m)	πλοηγός (αρ.)	[plˈoiɣós]

89. Oficiais. Padres

rei (m)	βασιλιάς (αρ.)	[vasiliás]
rainha (f)	βασίλισσα (θηλ.)	[vasílisa]

príncipe (m)	πρίγκιπας (αρ.)	[príngipas]
princesa (f)	πριγκίπισσα (θηλ.)	[pringípisa]

czar (m)	τσάρος (αρ.)	[tsáros]
czarina (f)	τσαρίνα (θηλ.)	[tsarína]

presidente (m)	πρόεδρος (αρ.)	[próeðros]
ministro (m)	υπουργός (αρ.)	[ipurɣós]
primeiro-ministro (m)	πρωθυπουργός (αρ.)	[proθipurɣós]
senador (m)	γερουσιαστής (αρ.)	[jerusiastís]

diplomata (m)	διπλωμάτης (αρ.)	[ðiplˈomátis]
cônsul (m)	πρόξενος (αρ.)	[próksenos]
embaixador (m)	πρέσβης (αρ.)	[prézvis]
conselheiro (m)	σύμβουλος (αρ.)	[símvulˈos]

funcionário (m)	αξιωματούχος (αρ.)	[aksiomatúxos]
prefeito (m)	νομάρχης (αρ.)	[nomárxis]
Presidente (m) da Câmara	δήμαρχος (αρ.)	[ðímarxos]

juiz (m)	δικαστής (αρ.)	[ðikastís]
procurador (m)	εισαγγελέας (αρ.)	[isangeléas]

missionário (m)	ιεραπόστολος (αρ.)	[ierapóstolˈos]
monge (m)	καλόγερος (αρ.)	[kalˈójeros]
abade (m)	αβάς (αρ.)	[avás]
rabino (m)	ραβίνος (αρ.)	[ravínos]

vizir (m)	βεζίρης (αρ.)	[vezíris]
xá (m)	σάχης (αρ.)	[sáxis]
xeique (m)	σεΐχης (αρ.)	[séjxis]

90. Profissões agrícolas

abelheiro (m)	μελισσοκόμος (αρ.)	[melisokómos]
pastor (m)	βοσκός (αρ.)	[voskós]
agrônomo (m)	αγρονόμος (αρ.)	[aɣronómos]

criador (m) de gado	κτηνοτρόφος (αρ.)	[ktinotrófos]
veterinário (m)	κτηνίατρος (αρ.)	[ktiníatros]

agricultor, fazendeiro (m)	αγρότης (αρ.)	[aɣrótis]
vinicultor (m)	οινοποιός (αρ.)	[inopiós]
zoólogo (m)	ζωολόγος (αρ.)	[zoolˈóɣos]
vaqueiro (m)	καουμπόης (αρ.)	[kaubóis]

91. Profissões artísticas

ator (m)	ηθοποιός (αρ.)	[iθopiós]
atriz (f)	ηθοποιός (θηλ.)	[iθopiós]

cantor (m)	τραγουδιστής (αρ.)	[traɣuðistís]
cantora (f)	τραγουδίστρια (θηλ.)	[traɣuðístria]

bailarino (m)	χορευτής (αρ.)	[xoreftís]
bailarina (f)	χορεύτρια (θηλ.)	[xoréftria]

artista (m)	καλλιτέχνης (αρ.)	[kalitéxnis]
artista (f)	καλλιτέχνης (θηλ.)	[kalitéxnis]

músico (m)	μουσικός (αρ.)	[musikós]
pianista (m)	πιανίστας (αρ.)	[pianístas]
guitarrista (m)	κιθαρίστας (αρ.)	[kiθarístas]

maestro (m)	μαέστρος (αρ.)	[maéstros]
compositor (m)	συνθέτης (αρ.)	[sinθétis]
empresário (m)	ιμπρεσάριος (αρ.)	[imbresários]

diretor (m) de cinema	σκηνοθέτης (αρ.)	[skinoθétis]
produtor (m)	παραγωγός (αρ.)	[paraɣoɣós]
roteirista (m)	σεναριογράφος (αρ.)	[senarioɣráfos]
crítico (m)	κριτικός (αρ.)	[kritikós]

escritor (m)	συγγραφέας (αρ.)	[singraféas]
poeta (m)	ποιητής (αρ.)	[piitís]
escultor (m)	γλύπτης (αρ.)	[ɣlíptis]
pintor (m)	ζωγράφος (αρ.)	[zoɣráfos]

malabarista (m)	ζογκλέρ (αρ.)	[zonglér]
palhaço (m)	κλόουν (αρ.)	[klˈóun]
acrobata (m)	ακροβάτης (αρ.)	[akrovátis]
ilusionista (m)	θαυματοποιός (αρ.)	[θavmatopiós]

92. Várias profissões

médico (m)	γιατρός (αρ.)	[jatrós]
enfermeira (f)	νοσοκόμα (θηλ.)	[nosokóma]
psiquiatra (m)	ψυχίατρος (αρ.)	[psixíatros]
dentista (m)	οδοντίατρος (αρ.)	[oðondíatros]
cirurgião (m)	χειρουργός (αρ.)	[xirurɣós]

astronauta (m)	αστροναύτης (αρ.)	[astronáftis]
astrônomo (m)	αστρονόμος (αρ.)	[astronómos]
motorista (m)	οδηγός (αρ.)	[oðiɣós]
maquinista (m)	οδηγός τρένου (αρ.)	[oðiɣós trénu]
mecânico (m)	μηχανικός (αρ.)	[mixanikós]
mineiro (m)	ανθρακωρύχος (αρ.)	[anθrakoríxos]
operário (m)	εργάτης (αρ.)	[erɣátis]
serralheiro (m)	κλειδαράς (αρ.)	[kliðarás]
marceneiro (m)	ξυλουργός (αρ.)	[ksilˈurɣós]
torneiro (m)	τορναδόρος (αρ.)	[tornaðóros]
construtor (m)	οικοδόμος (αρ.)	[ikoðómos]
soldador (m)	ηλεκτροσυγκολλητής (αρ.)	[ilektrosingolitís]
professor (m)	καθηγητής (αρ.)	[kaθijitís]
arquiteto (m)	αρχιτέκτονας (αρ.)	[arxitéktonas]
historiador (m)	ιστορικός (αρ.)	[istorikós]
cientista (m)	επιστήμονας (αρ.)	[epistímonas]
físico (m)	φυσικός (αρ.)	[fisikós]
químico (m)	χημικός (αρ.)	[ximikós]
arqueólogo (m)	αρχαιολόγος (αρ.)	[arxeolˈóɣos]
geólogo (m)	γεωλόγος (αρ.)	[jeolˈóɣos]
pesquisador (cientista)	ερευνητής (αρ.)	[erevnitís]
babysitter, babá (f)	νταντά (θηλ.)	[dadá]
professor (m)	παιδαγωγός (αρ.)	[peðaɣoɣós]
redator (m)	συντάκτης (αρ.)	[sindáktis]
redator-chefe (m)	αρχισυντάκτης (αρ.)	[arxisindáktis]
correspondente (m)	ανταποκριτής (αρ.)	[andapokritís]
datilógrafa (f)	δακτυλογράφος (θηλ.)	[ðaktilˈoɣráfos]
designer (m)	σχεδιαστής (αρ.)	[sxeðiastís]
especialista (m) em informática	τεχνικός υπολογιστών (αρ.)	[texnikós ipolˈojistón]
programador (m)	προγραμματιστής (αρ.)	[proɣramatistís]
engenheiro (m)	μηχανικός (αρ.)	[mixanikós]
marujo (m)	ναυτικός (αρ.)	[naftikós]
marinheiro (m)	ναύτης (αρ.)	[náftis]
socorrista (m)	διασώστης (αρ.)	[ðiasóstis]
bombeiro (m)	πυροσβέστης (αρ.)	[pirozvéstis]
polícia (m)	αστυνομικός (αρ.)	[astinomikós]
guarda-noturno (m)	φύλακας (αρ.)	[fílˈakas]
detetive (m)	ντετέκτιβ (αρ.)	[detéktiv]
funcionário (m) da alfândega	τελωνειακός (αρ.)	[telˈoniakós]
guarda-costas (m)	σωματοφύλακας (αρ.)	[somatofílˈakas]
guarda (m) prisional	δεσμοφύλακας (αρ.)	[ðezmofílˈakas]
inspetor (m)	παρατηρητής (αρ.)	[paratiritís]
esportista (m)	αθλητής (αρ.)	[aθlitís]
treinador (m)	προπονητής (αρ.)	[proponitís]

açougueiro (m)	κρεοπώλης (αρ.)	[kreopólis]
sapateiro (m)	τσαγκάρης (αρ.)	[tsangáris]
comerciante (m)	επιχειρηματίας (αρ.)	[epixirimatías]
carregador (m)	φορτωτής (αρ.)	[fortotís]

| estilista (m) | σχεδιαστής (αρ.) | [sxeðiastís] |
| modelo (f) | μοντέλο (ουδ.) | [modélʲo] |

93. Ocupações. Estatuto social

| estudante (~ de escola) | μαθητής (αρ.) | [maθitís] |
| estudante (~ universitária) | φοιτητής (αρ.) | [fititís] |

filósofo (m)	φιλόσοφος (αρ.)	[filʲósofos]
economista (m)	οικονομολόγος (αρ.)	[ikonomolʲóɣos]
inventor (m)	εφευρέτης (αρ.)	[efevrétis]

desempregado (m)	άνεργος (αρ.)	[áneɣos]
aposentado (m)	συνταξιούχος (αρ.)	[sindaksiúxos]
espião (m)	κατάσκοπος (αρ.)	[katáskopos]

preso, prisioneiro (m)	φυλακισμένος (αρ.)	[filʲakizménos]
grevista (m)	απεργός (αρ.)	[aperɣós]
burocrata (m)	γραφειοκράτης (αρ.)	[ɣrafiokrátis]
viajante (m)	ταξιδιώτης (αρ.)	[taksiðiótis]

| homossexual (m) | γκέι, ομοφυλόφιλος (αρ.) | [géi], [omofilʲófilʲos] |
| hacker (m) | χάκερ (αρ.) | [xáker] |

bandido (m)	συμμορίτης (αρ.)	[simorítis]
assassino (m)	πληρωμένος δολοφόνος (αρ.)	[pliroménos ðolʲofónos]
drogado (m)	ναρκομανής (αρ.)	[narkomanís]
traficante (m)	έμπορος ναρκωτικών (αρ.)	[émboros narkotikón]
prostituta (f)	πόρνη (θηλ.)	[pórni]
cafetão (m)	νταβατζής (αρ.)	[davadzís]

bruxo (m)	μάγος (αρ.)	[máɣos]
bruxa (f)	μάγισσα (θηλ.)	[májisa]
pirata (m)	πειρατής (αρ.)	[piratís]
escravo (m)	δούλος (αρ.)	[ðúlʲos]
samurai (m)	σαμουράι (αρ.)	[samuráj]
selvagem (m)	άγριος (αρ.)	[áɣrios]

Educação

94. Escola

| escola (f) | σχολείο (ουδ.) | [sxolío] |
| diretor (m) de escola | διευθυντής (αρ.) | [ðiefθindís] |

aluno (m)	μαθητής (αρ.)	[maθitís]
aluna (f)	μαθήτρια (θηλ.)	[maθítria]
estudante (m)	μαθητής (αρ.)	[maθitís]
estudante (f)	μαθήτρια (θηλ.)	[maθítria]

ensinar (vt)	διδάσκω	[ðiðásko]
aprender (vt)	μαθαίνω	[maθéno]
decorar (vt)	μαθαίνω απ'έξω	[maθéno apékso]

estudar (vi)	μαθαίνω	[maθéno]
estar na escola	πηγαίνω σχολείο	[pijéno sxolío]
ir à escola	πηγαίνω σχολείο	[pijéno sxolío]

| alfabeto (m) | αλφάβητος (θηλ.) | [alʲfávitos] |
| disciplina (f) | μάθημα (ουδ.) | [máθima] |

sala (f) de aula	τάξη (θηλ.)	[táksi]
lição, aula (f)	μάθημα (ουδ.)	[máθima]
recreio (m)	διάλειμμα (ουδ.)	[ðiálima]

toque (m)	κουδούνι (ουδ.)	[kuðúni]
classe (f)	θρανίο (ουδ.)	[θranío]
quadro (m) negro	πίνακας (αρ.)	[pínakas]

nota (f)	βαθμός (αρ.)	[vaθmós]
boa nota (f)	καλός βαθμός (αρ.)	[kalʲós vaθmós]
nota (f) baixa	κακός βαθμός (αρ.)	[kakós vaθmós]
dar uma nota	βάζω βαθμό	[vázo vaθmó]

erro (m)	λάθος (ουδ.)	[lʲáθos]
errar (vi)	κάνω λάθη	[káno lʲáθi]
corrigir (~ um erro)	διορθώνω	[ðiorθóno]
cola (f)	σκονάκι (ουδ.)	[skonáki]

| dever (m) de casa | εργασία για το σπίτι (θηλ.) | [erɣasía ja to spíti] |
| exercício (m) | άσκηση (θηλ.) | [áskisi] |

| estar presente | είμαι παρών | [íme parón] |
| estar ausente | απουσιάζω | [apusiázo] |

punir (vt)	τιμωρώ	[timoró]
punição (f)	τιμωρία (θηλ.)	[timoría]
comportamento (m)	συμπεριφορά (θηλ.)	[simberiforá]

boletim (m) escolar	έλεγχος (αρ.)	[élenxos]
lápis (m)	μολύβι (ουδ.)	[molívi]
borracha (f)	γόμα (θηλ.)	[χóma]
giz (m)	κιμωλία (θηλ.)	[kimolía]
porta-lápis (m)	κασετίνα (θηλ.)	[kasetína]
mala, pasta, mochila (f)	σχολική τσάντα (θηλ.)	[sxolikí tsánda]
caneta (f)	στιλό (ουδ.)	[stil'ó]
caderno (m)	τετράδιο (ουδ.)	[tetráðio]
livro (m) didático	σχολικό βιβλίο (ουδ.)	[sxolikó vivlío]
compasso (m)	διαβήτης (αρ.)	[ðiavítis]
traçar (vt)	σχεδιάζω	[sxeðiázo]
desenho (m) técnico	σχέδιο (ουδ.)	[sxéðio]
poesia (f)	ποίημα (ουδ.)	[píima]
de cor	απ'έξω	[apékso]
decorar (vt)	μαθαίνω απ'έξω	[maθéno apékso]
férias (f pl)	διακοπές (θηλ.πλ.)	[ðiakopés]
estar de férias	κάνω διακοπές	[káno ðiakopés]
teste (m), prova (f)	τεστ, διαγώνισμα (ουδ.)	[test], [ðiaγónizma]
redação (f)	έκθεση (θηλ.)	[ékθesi]
ditado (m)	υπαγόρευση (θηλ.)	[ipaγórefsi]
exame (m), prova (f)	εξετάσεις (θηλ.πλ.)	[eksetásis]
fazer prova	δίνω εξετάσεις	[ðíno eksetásis]
experiência (~ química)	πείραμα (ουδ.)	[pírama]

95. Colégio. Universidade

academia (f)	ακαδημία (θηλ.)	[akaðimía]
universidade (f)	πανεπιστήμιο (ουδ.)	[panepistímio]
faculdade (f)	σχολή (θηλ.)	[sxolí]
estudante (m)	φοιτητής (αρ.)	[fititís]
estudante (f)	φοιτήτρια (θηλ.)	[fitítria]
professor (m)	καθηγητής (αρ.)	[kaθijitís]
auditório (m)	αίθουσα διαλέξεων (θηλ.)	[éθusa ðialékseon]
graduado (m)	απόφοιτος (αρ.)	[apófitos]
diploma (m)	πτυχίο (ουδ.)	[ptixío]
tese (f)	διατριβή (θηλ.)	[ðiatriví]
estudo (obra)	έρευνα (θηλ.)	[érevna]
laboratório (m)	εργαστήριο (ουδ.)	[erγastírio]
palestra (f)	διάλεξη (θηλ.)	[ðiáleksi]
colega (m) de curso	συμφοιτητής (αρ.)	[simfititís]
bolsa (f) de estudos	υποτροφία (θηλ.)	[ipotrofía]
grau (m) acadêmico	ακαδημαϊκό πτυχίο (ουδ.)	[akaðimaikó ptixío]

96. Ciências. Disciplinas

matemática (f)	μαθηματικά (ουδ.πλ.)	[maθimatiká]
álgebra (f)	άλγεβρα (θηλ.)	[álʲjevra]
geometria (f)	γεωμετρία (θηλ.)	[ʝeometría]
astronomia (f)	αστρονομία (θηλ.)	[astronomía]
biologia (f)	βιολογία (θηλ.)	[violʲojía]
geografia (f)	γεωγραφία (θηλ.)	[ʝeoɣrafía]
geologia (f)	γεωλογία (θηλ.)	[ʝeolʲojía]
história (f)	ιστορία (θηλ.)	[istoría]
medicina (f)	ιατρική (θηλ.)	[jatrikí]
pedagogia (f)	παιδαγωγική (θηλ.)	[peðaɣojikí]
direito (m)	δίκαιο (ουδ.)	[ðíkeo]
física (f)	φυσική (θηλ.)	[fisikí]
química (f)	χημεία (θηλ.)	[ximía]
filosofia (f)	φιλοσοφία (θηλ.)	[filʲosofía]
psicologia (f)	ψυχολογία (θηλ.)	[psixolʲojía]

97. Sistema de escrita. Ortografia

gramática (f)	γραμματική (θηλ.)	[ɣramatikí]
vocabulário (m)	λεξιλόγιο (ουδ.)	[leksilʲójo]
fonética (f)	φωνητική (θηλ.)	[fonitikí]
substantivo (m)	ουσιαστικό (ουδ.)	[usiastikó]
adjetivo (m)	επίθετο (ουδ.)	[epíθeto]
verbo (m)	ρήμα (ουδ.)	[ríma]
advérbio (m)	επίρρημα (ουδ.)	[epírima]
pronome (m)	αντωνυμία (θηλ.)	[andonimía]
interjeição (f)	επιφώνημα (ουδ.)	[epifónima]
preposição (f)	πρόθεση (θηλ.)	[próθesi]
raiz (f)	ρίζα (θηλ.)	[ríza]
terminação (f)	κατάληξη (θηλ.)	[katáliksi]
prefixo (m)	πρόθεμα (ουδ.)	[próθema]
sílaba (f)	συλλαβή (θηλ.)	[silʲaví]
sufixo (m)	επίθημα (ουδ.)	[epíθima]
acento (m)	τόνος (αρ.)	[tónos]
apóstrofo (f)	απόστροφος (θηλ.)	[apóstrofos]
ponto (m)	τελεία (θηλ.)	[telía]
vírgula (f)	κόμμα (ουδ.)	[kóma]
ponto e vírgula (m)	άνω τελεία (θηλ.)	[áno telía]
dois pontos (m pl)	διπλή τελεία (θηλ.)	[ðiplí telía]
reticências (f pl)	αποσιωπητικά (ουδ.πλ.)	[aposiopitiká]
ponto (m) de interrogação	ερωτηματικό (ουδ.)	[erotimatikó]
ponto (m) de exclamação	θαυμαστικό (ουδ.)	[θavmastikó]

aspas (f pl)	εισαγωγικά (ουδ.πλ.)	[isaɣojiká]
entre aspas	σε εισαγωγικά	[se isaɣojiká]
parênteses (m pl)	παρένθεση (θηλ.)	[parénθesi]
entre parênteses	σε παρένθεση	[se parénθesi]

hífen (m)	ενωτικό (ουδ.)	[enotikó]
travessão (m)	παύλα (θηλ.)	[pávlʲa]
espaço (m)	κενό (ουδ.)	[kenó]

letra (f)	γράμμα (ουδ.)	[ɣráma]
letra (f) maiúscula	κεφαλαίο γράμμα (ουδ.)	[kefaléo ɣráma]

vogal (f)	φωνήεν (ουδ.)	[foníen]
consoante (f)	σύμφωνο (ουδ.)	[símfono]

frase (f)	πρόταση (θηλ.)	[prótasi]
sujeito (m)	υποκείμενο (ουδ.)	[ipokímeno]
predicado (m)	κατηγορούμενο (ουδ.)	[katiɣorúmeno]

linha (f)	γραμμή (θηλ.)	[ɣramí]
em uma nova linha	σε καινούργια γραμμή	[se kenúrjia ɣramí]
parágrafo (m)	παράγραφος (θηλ.)	[paráɣrafos]

palavra (f)	λέξη (θηλ.)	[léksi]
grupo (m) de palavras	ομάδα λέξεων (θηλ.)	[omáða lékseon]
expressão (f)	έκφραση (θηλ.)	[ékfrasi]
sinônimo (m)	συνώνυμο (ουδ.)	[sinónimo]
antônimo (m)	αντώνυμο (ουδ.)	[andónimo]

regra (f)	κανόνας (αρ.)	[kanónas]
exceção (f)	εξαίρεση (θηλ.)	[ekséresi]
correto (adj)	σωστός	[sostós]

conjugação (f)	κλίση ρήματος (θηλ.)	[klísi rímatos]
declinação (f)	κλίση (θηλ.)	[klísi]
caso (m)	πτώση (θηλ.)	[ptósi]
pergunta (f)	ερώτημα (ουδ.)	[erótima]
sublinhar (vt)	υπογραμμίζω	[ipoɣramízo]
linha (f) pontilhada	διακεκομμένη γραμμή (θηλ.)	[ðiakekoméni ɣramí]

98. Línguas estrangeiras

língua (f)	γλώσσα (θηλ.)	[ɣlʲósa]
língua (f) estrangeira	ξένη γλώσσα (θηλ.)	[kséni ɣlósa]
estudar (vt)	μελετάω	[meletáo]
aprender (vt)	μαθαίνω	[maθéno]

ler (vt)	διαβάζω	[ðiavázo]
falar (vi)	μιλάω	[milʲáo]
entender (vt)	καταλαβαίνω	[katalʲavéno]
escrever (vt)	γράφω	[ɣráfo]

rapidamente	γρήγορα	[ɣríɣora]
devagar, lentamente	αργά	[arɣá]

fluentemente	ευφράδεια	[effrádia]
regras (f pl)	κανόνες (αρ.πλ.)	[kanónes]
gramática (f)	γραμματική (θηλ.)	[yramatikí]
vocabulário (m)	λεξιλόγιο (ουδ.)	[leksilójo]
fonética (f)	φωνητική (θηλ.)	[fonitikí]

livro (m) didático	σχολικό βιβλίο (ουδ.)	[sxolikó vivlío]
dicionário (m)	λεξικό (ουδ.)	[leksikó]
manual (m) autodidático	εγχειρίδιο αυτοδιδασκαλίας (ουδ.)	[enxirídio aftoðiðaskalías]
guia (m) de conversação	βιβλίο φράσεων (ουδ.)	[vivlío fráseon]

fita (f) cassete	κασέτα (θηλ.)	[kaséta]
videoteipe (m)	βιντεοκασέτα (θηλ.)	[videokaséta]
CD (m)	συμπαγής δίσκος (αρ.)	[simpajís ðískos]
DVD (m)	DVD (ουδ.)	[dividí]

alfabeto (m)	αλφάβητος (θηλ.)	[alʲfávitos]
pronúncia (f)	προφορά (θηλ.)	[proforá]

sotaque (m)	προφορά (θηλ.)	[proforá]
com sotaque	με προφορά	[me proforá]
sem sotaque	χωρίς προφορά	[xorís proforá]

palavra (f)	λέξη (θηλ.)	[léksi]
sentido (m)	σημασία (θηλ.)	[simasía]

curso (m)	μαθήματα (ουδ.πλ.)	[maθímata]
inscrever-se (vr)	γράφομαι	[yráfome]
professor (m)	καθηγητής (αρ.)	[kaθijitís]

tradução (processo)	μετάφραση (θηλ.)	[metáfrasi]
tradução (texto)	μετάφραση (θηλ.)	[metáfrasi]
tradutor (m)	μεταφραστής (αρ.)	[metafrastís]
intérprete (m)	διερμηνέας (αρ.)	[ðierminéas]

poliglota (m)	πολύγλωσσος (αρ.)	[políɣlʲosos]
memória (f)	μνήμη (θηλ.)	[mními]

Descanso. Entretenimento. Viagens

99. Viagens

turismo (m)	τουρισμός (αρ.)	[turizmós]
turista (m)	τουρίστας (αρ.)	[turístas]
viagem (f)	ταξίδι (ουδ.)	[taksíði]
aventura (f)	περιπέτεια (θηλ.)	[peripétia]
percurso (curta viagem)	ταξίδι (ουδ.)	[taksíði]
férias (f pl)	διακοπές (θηλ.πλ.)	[ðiakopés]
estar de férias	είμαι σε διακοπές	[íme se ðiakopés]
descanso (m)	διακοπές (πλ.)	[ðiakopés]
trem (m)	τραίνο, τρένο (ουδ.)	[tréno]
de trem (chegar ~)	με τρένο	[me tréno]
avião (m)	αεροπλάνο (ουδ.)	[aeropĺáno]
de avião	με αεροπλάνο	[me aeropĺáno]
de carro	με αυτοκίνητο	[me aftokínito]
de navio	με καράβι	[me karávi]
bagagem (f)	αποσκευές (θηλ.πλ.)	[aposkevés]
mala (f)	βαλίτσα (θηλ.)	[valítsa]
carrinho (m)	καρότσι αποσκευών (ουδ.)	[karótsi aposkevón]
passaporte (m)	διαβατήριο (ουδ.)	[ðiavatírio]
visto (m)	βίζα (θηλ.)	[víza]
passagem (f)	εισιτήριο (ουδ.)	[isitírio]
passagem (f) aérea	αεροπορικό εισιτήριο (ουδ.)	[aeroporikó isitírio]
guia (m) de viagem	ταξιδιωτικός οδηγός (αρ.)	[taksiðiotikós oðiɣós]
mapa (m)	χάρτης (αρ.)	[xártis]
área (f)	περιοχή (θηλ.)	[perioxí]
lugar (m)	τόπος (αρ.)	[tópos]
exotismo (m)	εξωτικά πράγματα (ουδ.πλ.)	[eksotiká práɣmata]
exótico (adj)	εξωτικός	[eksotikós]
surpreendente (adj)	καταπληκτικός	[katapliktikós]
grupo (m)	ομάδα (θηλ.)	[omáða]
excursão (f)	εκδρομή (θηλ.)	[ekðromí]
guia (m)	ξεναγός (αρ.)	[ksenaɣós]

100. Hotel

hotel (m)	ξενοδοχείο (ουδ.)	[ksenoðoxío]
motel (m)	μοτέλ (ουδ.)	[motélʲ]
três estrelas	τριών αστέρων	[trión astéron]

cinco estrelas	πέντε αστέρων	[pénde astéron]
ficar (vi, vt)	μένω	[méno]
quarto (m)	δωμάτιο (ουδ.)	[ðomátio]
quarto (m) individual	μονόκλινο δωμάτιο (ουδ.)	[monóklino ðomátio]
quarto (m) duplo	δίκλινο δωμάτιο (ουδ.)	[ðíklino ðomátio]
reservar um quarto	κλείνω δωμάτιο	[klíno ðomátio]
meia pensão (f)	ημιδιατροφή (θηλ.)	[imiðiatrofí]
pensão (f) completa	πλήρης διατροφή (θηλ.)	[plíris ðiatrofí]
com banheira	με μπανιέρα	[me baniéra]
com chuveiro	με ντουζ	[me dúz]
televisão (m) por satélite	δορυφορική τηλεόραση (θηλ.)	[ðoriforikí tileórasi]
ar (m) condicionado	κλιματιστικό (ουδ.)	[klimatistikó]
toalha (f)	πετσέτα (θηλ.)	[petséta]
chave (f)	κλειδί (ουδ.)	[kliðí]
administrador (m)	υπεύθυνος (αρ.)	[ipéfθinos]
camareira (f)	καμαριέρα (θηλ.)	[kamariéra]
bagageiro (m)	αχθοφόρος (αρ.)	[axθofóros]
porteiro (m)	πορτιέρης (αρ.)	[portiéris]
restaurante (m)	εστιατόριο (ουδ.)	[estiatório]
bar (m)	μπαρ (ουδ.), μπυραρία (θηλ.)	[bar], [biraría]
café (m) da manhã	πρωινό (ουδ.)	[proinó]
jantar (m)	δείπνο (ουδ.)	[ðípno]
bufê (m)	μπουφές (αρ.)	[bufés]
saguão (m)	φουαγιέ (ουδ.)	[fuajé]
elevador (m)	ασανσέρ (ουδ.)	[asansér]
NÃO PERTURBE	ΜΗΝ ΕΝΟΧΛΕΙΤΕ!	[min enoxlíte]
PROIBIDO FUMAR!	ΑΠΑΓΟΡΕΥΕΤΑΙ ΤΟ ΚΑΠΝΙΣΜΑ	[apaɣorévete to kápnizma]

EQUIPAMENTO TÉCNICO. TRANSPORTES

Equipamento técnico. Transportes

101. Computador

computador (m)	υπολογιστής (αρ.)	[ipolⁱojistís]
computador (m) portátil	φορητός υπολογιστής (αρ.)	[foritós ipolⁱojistís]
ligar (vt)	ανοίγω	[aníɣo]
desligar (vt)	κλείνω	[klíno]
teclado (m)	πληκτρολόγιο (ουδ.)	[pliktrolⁱójo]
tecla (f)	πλήκτρο (ουδ.)	[plíktro]
mouse (m)	ποντίκι (ουδ.)	[pondíki]
tapete (m) para mouse	μάους παντ (ουδ.)	[máus pad]
botão (m)	κουμπί (ουδ.)	[kumbí]
cursor (m)	κέρσορας (αρ.)	[kérsoras]
monitor (m)	οθόνη (θηλ.)	[oθóni]
tela (f)	οθόνη (θηλ.)	[oθóni]
disco (m) rígido	σκληρός δίσκος (αρ.)	[sklirós ðískos]
capacidade (f) do disco rígido	χωρητικότητα σκληρού δίσκου (θηλ.)	[xoritikótita sklirú ðísku]
memória (f)	μνήμη (θηλ.)	[mními]
memória RAM (f)	μνήμη RAM (θηλ.)	[mními ram]
arquivo (m)	αρχείο (ουδ.)	[arxío]
pasta (f)	φάκελος (αρ.)	[fákelⁱos]
abrir (vt)	ανοίγω	[aníɣo]
fechar (vt)	κλείνω	[klíno]
salvar (vt)	αποθηκεύω	[apoθikévo]
deletar (vt)	διαγράφω	[ðiaɣráfo]
copiar (vt)	αντιγράφω	[andiɣráfo]
ordenar (vt)	ταξινομώ	[taksinomó]
copiar (vt)	μεταφέρω	[metaféro]
programa (m)	πρόγραμμα (ουδ.)	[próɣrama]
software (m)	λογισμικό (ουδ.)	[lⁱojizmikó]
programador (m)	προγραμματιστής (αρ.)	[proɣramatistís]
programar (vt)	προγραμματίζω	[proɣramatízo]
hacker (m)	χάκερ (αρ.)	[xáker]
senha (f)	κωδικός (αρ.)	[koðikós]
vírus (m)	ιός (αρ.)	[jos]
detectar (vt)	ανιχνεύω	[anixnévo]

| byte (m) | μπάιτ (ουδ.) | [bájt] |
| megabyte (m) | μεγαμπάιτ (ουδ.) | [meɣabájt] |

| dados (m pl) | δεδομένα (ουδ.πλ.) | [ðeðoména] |
| base (f) de dados | βάση δεδομένων (θηλ.) | [vási ðeðoménon] |

cabo (m)	καλώδιο (ουδ.)	[kaljóðio]
desconectar (vt)	αποσυνδέω	[aposinðéo]
conectar (vt)	συνδέω	[sinðéo]

102. Internet. E-mail

internet (f)	διαδίκτυο (ουδ.)	[ðiaðíktio]
browser (m)	browser (αρ.)	[bráuzer]
motor (m) de busca	μηχανή αναζήτησης (θηλ.)	[mixaní anazítisis]
provedor (m)	πάροχος (αρ.)	[pároxos]

| website (m) | ιστοσελίδα (θηλ.) | [istoselíða] |
| web page (f) | ιστοσελίδα (θηλ.) | [istoselíða] |

| endereço (m) | διεύθυνση (θηλ.) | [ðiéfθinsi] |
| livro (m) de endereços | βιβλίο διευθύνσεων (ουδ.) | [vivlío ðiefθínseon] |

| caixa (f) de correio | εισερχόμενα (ουδ.) | [iserxómena] |
| correio (m) | ταχυδρομείο (ουδ.) | [taxiðromío] |

mensagem (f)	μήνυμα (ουδ.)	[mínima]
remetente (m)	αποστολέας (αρ.)	[apostoléas]
enviar (vt)	στέλνω	[stéljno]
envio (m)	αποστολή (θηλ.)	[apostolí]

| destinatário (m) | παραλήπτης (αρ.) | [paralíptis] |
| receber (vt) | λαμβάνω | [ljamváno] |

| correspondência (f) | αλληλογραφία (θηλ.) | [aliljoɣrafía] |
| corresponder-se (vr) | αλληλογραφώ | [aliljoɣrafó] |

arquivo (m)	αρχείο (ουδ.)	[arxío]
fazer download, baixar (vt)	κατεβάζω	[katevázo]
criar (vt)	δημιουργώ	[ðimiurɣó]
deletar (vt)	διαγράφω	[ðiaɣráfo]
deletado (adj)	διεγραμμένος	[ðieɣraménos]

conexão (f)	σύνδεση (θηλ.)	[sínðesi]
velocidade (f)	ταχύτητα (θηλ.)	[taxítita]
modem (m)	μόντεμ (ουδ.)	[módem]
acesso (m)	πρόσβαση (θηλ.)	[prózvasi]
porta (f)	θύρα (θηλ.)	[θíra]

| conexão (f) | σύνδεση (θηλ.) | [sínðesi] |
| conectar (vi) | συνδέομαι | [sinðéome] |

| escolher (vt) | επιλέγω | [epiléɣo] |
| buscar (vt) | ψάχνω | [psáxno] |

103. Eletricidade

eletricidade (f)	ηλεκτρισμός (αρ.)	[ilektrizmós]
elétrico (adj)	ηλεκτρικός	[ilektrikós]
planta (f) elétrica	ηλεκτροπαραγωγικός σταθμός (αρ.)	[ilektroparaγojikós staθmós]
energia (f)	ενέργεια (θηλ.)	[enérjia]
energia (f) elétrica	ηλεκτρική ενέργεια (θηλ.)	[ilektrikí enérjia]
lâmpada (f)	λάμπα (θηλ.)	[lʲámba]
lanterna (f)	φακός (αρ.)	[fakós]
poste (m) de iluminação	στύλος φωτισμού (αρ.)	[stílʲos fotizmú]
luz (f)	φως (ουδ.)	[fos]
ligar (vt)	ανοίγω, ανάβω	[aníγo], [anávo]
desligar (vt)	κλείνω	[klíno]
apagar a luz	σβήνω το φως	[svíno to fos]
queimar (vi)	καίγομαι	[kéγome]
curto-circuito (m)	βραχυκύκλωμα (ουδ.)	[vraxikíklʲoma]
ruptura (f)	σπασμένο καλώδιο (ουδ.)	[spazméno kalóðio]
contato (m)	επαφή (θηλ.)	[epafí]
interruptor (m)	διακόπτης (αρ.)	[ðiakóptis]
tomada (de parede)	πρίζα (θηλ.)	[príza]
plugue (m)	φις (ουδ.)	[fis]
extensão (f)	μπαλαντέζα (θηλ.)	[balʲadéza]
fusível (m)	ασφάλεια (θηλ.)	[asfália]
fio, cabo (m)	καλώδιο (ουδ.)	[kalʲóðio]
instalação (f) elétrica	καλωδίωση (θηλ.)	[kalʲoðíosi]
ampère (m)	αμπέρ (ουδ.)	[ambér]
amperagem (f)	ένταση ρεύματος (θηλ.)	[éndasi révmatos]
volt (m)	βολτ (ουδ.)	[volʲt]
voltagem (f)	τάση (θηλ.)	[tási]
aparelho (m) elétrico	ηλεκτρική συσκευή (θηλ.)	[ilektrikí siskevi]
indicador (m)	δείχτης (αρ.)	[ðíxtis]
eletricista (m)	ηλεκτρολόγος (αρ.)	[ilektrolʲóγos]
soldar (vt)	συγκολλώ	[singolʲó]
soldador (m)	κολλητήρι (ουδ.)	[kolitíri]
corrente (f) elétrica	ρεύμα (ουδ.)	[révma]

104. Ferramentas

ferramenta (f)	εργαλείο (ουδ.)	[erγalío]
ferramentas (f pl)	εργαλεία (ουδ.πλ.)	[erγalía]
equipamento (m)	εξοπλισμός (αρ.)	[eksoplizmós]
martelo (m)	σφυρί (ουδ.)	[sfirí]
chave (f) de fenda	κατσαβίδι (ουδ.)	[katsavíði]

machado (m)	τσεκούρι (ουδ.)	[tsekúri]
serra (f)	πριόνι (ουδ.)	[prióni]
serrar (vt)	πριονίζω	[prionízo]
plaina (f)	πλάνη (θηλ.)	[pl'áni]
aplainar (vt)	πλανίζω	[pl'anízo]
soldador (m)	κολλητήρι (ουδ.)	[kolitíri]
soldar (vt)	συγκολλώ	[singol'ó]
lima (f)	λίμα (θηλ.)	[líma]
tenaz (f)	τανάλια (θηλ.)	[tanália]
alicate (m)	πένσα (θηλ.)	[pénsa]
formão (m)	σκαρπέλο (ουδ.)	[skarpél'o]
broca (f)	τρυπάνι (ουδ.)	[tripáni]
furadeira (f) elétrica	τρυπάνι, δράπανο (ουδ.)	[tripáni], [ðrápano]
furar (vt)	τρυπώ	[tripó]
faca (f)	μαχαίρι (ουδ.)	[maxéri]
lâmina (f)	λάμα (θηλ.)	[l'áma]
afiado (adj)	κοφτερός	[kofterós]
cego (adj)	αμβλύς	[amvlís]
embotar-se (vr)	αμβλύνομαι	[amvlínome]
afiar, amolar (vt)	ακονίζω	[akonízo]
parafuso (m)	μπουλόνι (ουδ.)	[bul'óni]
porca (f)	περικόχλιο (ουδ.)	[perikóxlio]
rosca (f)	σπείρωμα (ουδ.)	[spíroma]
parafuso (para madeira)	βίδα (θηλ.)	[víða]
prego (m)	καρφί (ουδ.)	[karfí]
cabeça (f) do prego	κεφάλι (ουδ.)	[kefáli]
régua (f)	χάρακας (αρ.)	[xárakas]
fita (f) métrica	μετροταινία (θηλ.)	[metrotenía]
lupa (f)	μεγεθυντικός φακός (αρ.)	[mejeθindikós fakós]
medidor (m)	όργανο μέτρησης (ουδ.)	[óryano métrisis]
medir (vt)	μετράω	[metráo]
escala (f)	κλίμακα (θηλ.)	[klímaka]
indicação (f), registro (m)	ενδείξεις (θηλ.πλ.)	[enðíksis]
compressor (m)	συμπιεστής (αρ.)	[simbiestís]
microscópio (m)	μικροσκόπιο (ουδ.)	[mikroskópio]
bomba (f)	αντλία (θηλ.)	[andlía]
robô (m)	ρομπότ (ουδ.)	[robót]
laser (m)	λέιζερ (ουδ.)	[léjzer]
chave (f) de boca	γαλλικό κλειδί (ουδ.)	[yalikó kliðí]
fita (f) adesiva	κολλητική ταινία (θηλ.)	[kolitikí tenía]
cola (f)	κόλλα (θηλ.)	[kól'a]
lixa (f)	γυαλόχαρτο (ουδ.)	[jalóxarto]
mola (f)	ελατήριο (ουδ.)	[el'atírio]
ímã (m)	μαγνήτης (αρ.)	[maɣnítis]

luva (f)	γάντια (ουδ.πλ.)	[γándia]
corda (f)	σχοινί, σκοινί (ουδ.)	[sxiní], [skiní]
cabo (~ de nylon, etc.)	κορδόνι (ουδ.)	[korðóni]
fio (m)	καλώδιο (ουδ.)	[kalʲóðio]
cabo (~ elétrico)	καλώδιο (ουδ.)	[kalʲóðio]

marreta (f)	βαριοπούλα (θηλ.)	[variopúlʲa]
pé de cabra (m)	λοστός (αρ.)	[lʲostós]
escada (f) de mão	φορητή σκάλα (θηλ.)	[forití skálʲa]
escada (m)	φορητή σκάλα (θηλ.)	[forití skálʲa]

enroscar (vt)	βιδώνω	[viðóno]
desenroscar (vt)	ξεβιδώνω	[kseviðóno]
apertar (vt)	σφίγγω	[sfíngo]
colar (vt)	κολλάω	[kolʲáo]
cortar (vt)	κόβω	[kóvo]

falha (f)	βλάβη (θηλ.)	[vlʲávi]
conserto (m)	επισκευή (θηλ.)	[episkeví]
consertar, reparar (vt)	επισκευάζω	[episkevázo]
regular, ajustar (vt)	ρυθμίζω	[riθmízo]

verificar (vt)	ελέγχω	[elénxo]
verificação (f)	έλεγχος (αρ.)	[élenxos]
indicação (f), registro (m)	ενδείξεις (θηλ.πλ.)	[enðíksis]

| seguro (adj) | αξιόπιστος | [aksiópistos] |
| complicado (adj) | περίπλοκος | [períplʲokos] |

enferrujar (vi)	σκουριάζω	[skuriázo]
enferrujado (adj)	σκουριασμένος	[skuriazménos]
ferrugem (f)	σκουριά (θηλ.)	[skuriá]

Transportes

105. Avião

avião (m)	αεροπλάνο (ουδ.)	[aeropláno]
passagem (f) aérea	αεροπορικό εισιτήριο (ουδ.)	[aeroporikó isitírio]
companhia (f) aérea	αεροπορική εταιρεία (θηλ.)	[aeroporikí etería]
aeroporto (m)	αεροδρόμιο (ουδ.)	[aeroðrómio]
supersônico (adj)	υπερηχητικός	[iperixitikós]
comandante (m) do avião	κυβερνήτης (αρ.)	[kivernítis]
tripulação (f)	πλήρωμα (ουδ.)	[plíroma]
piloto (m)	πιλότος (αρ.)	[pilʲótos]
aeromoça (f)	αεροσυνοδός (θηλ.)	[aerosinoðós]
copiloto (m)	πλοηγός (αρ.)	[plʲoiɣós]
asas (f pl)	φτερά (ουδ.πλ.)	[fterá]
cauda (f)	ουρά (θηλ.)	[urá]
cabine (f)	πιλοτήριο (ουδ.)	[pilʲotírio]
motor (m)	κινητήρας (αρ.)	[kinitíras]
trem (m) de pouso	σύστημα προσγείωσης (ουδ.)	[sístima prosɟíosis]
turbina (f)	στρόβιλος (αρ.)	[stróvilʲos]
hélice (f)	έλικας (αρ.)	[élikas]
caixa-preta (f)	μαύρο κουτί (ουδ.)	[mávro kutí]
coluna (f) de controle	πηδάλιο (ουδ.)	[piðálio]
combustível (m)	καύσιμο (ουδ.)	[káfsimo]
instruções (f pl) de segurança	οδηγίες ασφαλείας (θηλ.πλ.)	[oðiɟíes asfalías]
máscara (f) de oxigênio	μάσκα οξυγόνου (θηλ.)	[máska oksiɣónu]
uniforme (m)	στολή (θηλ.)	[stolí]
colete (m) salva-vidas	σωσίβιο γιλέκο (ουδ.)	[sosívio ɟiléko]
paraquedas (m)	αλεξίπτωτο (ουδ.)	[aleksíptoto]
decolagem (f)	απογείωση (θηλ.)	[apoɟíosi]
descolar (vi)	απογειώνομαι	[apoɟiónome]
pista (f) de decolagem	διάδρομος απογείωσης (αρ.)	[ðiáðromos apoɟíosis]
visibilidade (f)	ορατότητα (θηλ.)	[oratótita]
voo (m)	πέταγμα (ουδ.)	[pétaɣma]
altura (f)	ύψος (ουδ.)	[ípsos]
poço (m) de ar	κενό αέρος (ουδ.)	[kenó aéros]
assento (m)	θέση (θηλ.)	[θési]
fone (m) de ouvido	ακουστικά (ουδ.πλ.)	[akustiká]
mesa (f) retrátil	πτυσσόμενο τραπεζάκι (ουδ.)	[ptisómeno trapezáki]
janela (f)	παράθυρο (ουδ.)	[paráθiro]
corredor (m)	διάδρομος (αρ.)	[ðiáðromos]

106. Comboio

trem (m)	τραίνο, τρένο (ουδ.)	[tréno]
trem (m) elétrico	περιφερειακό τρένο (ουδ.)	[periferiakó tréno]
trem (m)	τρένο εξπρές (ουδ.)	[tréno eksprés]
locomotiva (f) diesel	αμαξοστοιχία ντίζελ (θηλ.)	[amaksostixía dízelʲ]
locomotiva (f) a vapor	ατμάμαξα (θηλ.)	[atmámaksa]
vagão (f) de passageiros	βαγόνι (ουδ.)	[vaγóni]
vagão-restaurante (m)	εστιατόριο (ουδ.)	[estiatório]
carris (m pl)	ράγες (θηλ.πλ.)	[rájes]
estrada (f) de ferro	σιδηρόδρομος (αρ.)	[siðiróðromos]
travessa (f)	στρωτήρας (αρ.)	[strotíras]
plataforma (f)	πλατφόρμα (θηλ.)	[plʲatfórma]
linha (f)	αποβάθρα (θηλ.)	[apováθra]
semáforo (m)	σηματοδότης (αρ.)	[simatoðótis]
estação (f)	σταθμός (αρ.)	[staθmós]
maquinista (m)	οδηγός τρένου (αρ.)	[oðiγós trénu]
bagageiro (m)	αχθοφόρος (αρ.)	[axθofóros]
hospedeiro, -a (m, f)	συνοδός (αρ.)	[sinoðós]
passageiro (m)	επιβάτης (αρ.)	[epivátis]
revisor (m)	ελεγκτής εισιτηρίων (αρ.)	[elengtís isitiríon]
corredor (m)	διάδρομος (αρ.)	[ðiáðromos]
freio (m) de emergência	φρένο έκτακτης ανάγκης (ουδ.)	[fréno éktaktis anángis]
compartimento (m)	κουπέ (ουδ.)	[kupé]
cama (f)	κουκέτα (θηλ.)	[kukéta]
cama (f) de cima	πάνω κουκέτα (θηλ.)	[páno kukéta]
cama (f) de baixo	κάτω κουκέτα (θηλ.)	[káto kukéta]
roupa (f) de cama	σεντόνια (ουδ.πλ.)	[sendónia]
passagem (f)	εισιτήριο (ουδ.)	[isitírio]
horário (m)	δρομολόγιο (ουδ.)	[ðromolʲójo]
painel (m) de informação	πίνακας πληροφοριών (αρ.)	[pínakas pliroforión]
partir (vt)	αναχωρώ	[anaxoró]
partida (f)	αναχώρηση (θηλ.)	[anaxórisi]
chegar (vi)	φτάνω	[ftáno]
chegada (f)	άφιξη (θηλ.)	[áfiksi]
chegar de trem	έρχομαι με τρένο	[érxome me tréno]
pegar o trem	ανεβαίνω στο τρένο	[anevéno sto tréno]
descer de trem	κατεβαίνω από το τρένο	[katevéno apó to tréno]
acidente (m) ferroviário	πρόσκρουση τρένου (θηλ.)	[próskrusi trénu]
foguista (m)	θερμαστής (αρ.)	[θermastís]
fornalha (f)	θάλαμο καύσης (ουδ.)	[θálʲamo káfsis]
carvão (m)	κάρβουνο (ουδ.)	[kárvuno]

107. Barco

navio (m)	πλοίο (ουδ.)	[plío]
embarcação (f)	σκάφος (ουδ.)	[skáfos]

barco (m) a vapor	ατμόπλοιο (ουδ.)	[atmóplio]
barco (m) fluvial	ποταμόπλοιο (ουδ.)	[potamóplio]
transatlântico (m)	κρουαζιερόπλοιο (ουδ.)	[kruazieróplio]
cruzeiro (m)	καταδρομικό (ουδ.)	[kataðromikó]

iate (m)	κότερο (ουδ.)	[kótero]
rebocador (m)	ρυμουλκό (ουδ.)	[rimulʲkó]
barcaça (f)	φορτηγίδα (θηλ.)	[fortijíða]
ferry (m)	φέρι μποτ (ουδ.)	[féri bot]

veleiro (m)	ιστιοφόρο (ουδ.)	[istiofóro]
bergantim (m)	βριγαντίνο (ουδ.)	[vriɣantíno]

quebra-gelo (m)	παγοθραυστικό (ουδ.)	[paɣoθrafstikó]
submarino (m)	υποβρύχιο (ουδ.)	[ipovríxo]

bote, barco (m)	βάρκα (θηλ.)	[várka]
baleeira (bote salva-vidas)	λέμβος (θηλ.)	[lémvos]
bote (m) salva-vidas	σωσίβια λέμβος (θηλ.)	[sosívia lémvos]
lancha (f)	ταχύπλοο (ουδ.)	[taxíplʲoo]

capitão (m)	καπετάνιος (αρ.)	[kapetános]
marinheiro (m)	ναύτης (αρ.)	[náftis]
marujo (m)	ναυτικός (αρ.)	[naftikós]
tripulação (f)	πλήρωμα (ουδ.)	[plíroma]

contramestre (m)	λοστρόμος (αρ.)	[lʲostrómos]
grumete (m)	μούτσος (αρ.)	[mútsos]
cozinheiro (m) de bordo	μάγειρας (αρ.)	[májiras]
médico (m) de bordo	ιατρός πλοίου (αρ.)	[jatrós plíu]

convés (m)	κατάστρωμα (ουδ.)	[katástroma]
mastro (m)	κατάρτι (ουδ.)	[katárti]
vela (f)	ιστίο (ουδ.)	[istío]

porão (m)	αμπάρι (ουδ.)	[ambári]
proa (f)	πλώρη (θηλ.)	[plóri]
popa (f)	πρύμνη (θηλ.)	[prímni]
remo (m)	κουπί (ουδ.)	[kupí]
hélice (f)	προπέλα (θηλ.)	[propélʲa]

cabine (m)	καμπίνα (θηλ.)	[kabína]
sala (f) dos oficiais	αίθουσα αξιωματικών (ουδ.)	[éθusa aksiomatikón]
sala (f) das máquinas	μηχανοστάσιο (ουδ.)	[mixanostásio]
ponte (m) de comando	γέφυρα (θηλ.)	[jéfira]
sala (f) de comunicações	θάλαμος επικοινωνιών (αρ.)	[θálamos epikinonión]
onda (f)	κύμα (ουδ.)	[kíma]
diário (m) de bordo	ημερολόγιο πλοίου (ουδ.)	[imerolʲójo plíu]
luneta (f)	κυάλι (ουδ.)	[kiáli]
sino (m)	καμπάνα (θηλ.)	[kabána]

bandeira (f)	σημαία (θηλ.)	[siméa]
cabo (m)	παλαμάρι (ουδ.)	[palˈamári]
nó (m)	κόμβος (αρ.)	[kómvos]

| corrimão (m) | κουπαστή (θηλ.) | [kupastí] |
| prancha (f) de embarque | σκάλα επιβιβάσεως (θηλ.) | [skálˈa epiviváseos] |

âncora (f)	άγκυρα (θηλ.)	[ángira]
recolher a âncora	σηκώνω άγκυρα	[sikóno ángira]
jogar a âncora	ρίχνω άγκυρα	[ríxno ángira]
amarra (corrente de âncora)	αλυσίδα της άγκυρας (θηλ.)	[alisída tis ángiras]

porto (m)	λιμάνι (ουδ.)	[limáni]
cais, amarradouro (m)	προβλήτα (θηλ.)	[provlíta]
atracar (vi)	αράζω	[arázo]
desatracar (vi)	σαλπάρω	[salˈpáro]

viagem (f)	ταξίδι (ουδ.)	[taksíði]
cruzeiro (m)	κρουαζιέρα (θηλ.)	[kruaziéra]
rumo (m)	ρότα, πορεία (θηλ.)	[róta], [poría]
itinerário (m)	δρομολόγιο (ουδ.)	[ðromolˈójo]

canal (m) de navegação	πλωτό μέρος (ουδ.)	[plˈotó méros]
banco (m) de areia	ρηχά (ουδ.πλ.)	[rixá]
encalhar (vt)	εξοκέλλω	[eksokélˈo]

tempestade (f)	καταιγίδα (θηλ.)	[katejíða]
sinal (m)	σήμα (ουδ.)	[síma]
afundar-se (vr)	βυθίζομαι	[viθízome]
SOS	SOS (ουδ.)	[es-o-es]
boia (f) salva-vidas	σωσίβιο (ουδ.)	[sosívio]

108. Aeroporto

aeroporto (m)	αεροδρόμιο (ουδ.)	[aeroðrómio]
avião (m)	αεροπλάνο (ουδ.)	[aeroplˈáno]
companhia (f) aérea	αεροπορική εταιρεία (θηλ.)	[aeroporikí etería]
controlador (m)	ελεγκτής εναέριας	[elengtís enaérias
de tráfego aéreo	κυκλοφορίας (αρ.)	kiklˈoforías]

partida (f)	αναχώρηση (θηλ.)	[anaxórisi]
chegada (f)	άφιξη (θηλ.)	[áfiksi]
chegar (vi)	φτάνω	[ftáno]

| hora (f) de partida | ώρα αναχώρησης (θηλ.) | [ora anaxórisis] |
| hora (f) de chegada | ώρα άφιξης (θηλ.) | [óra áfiksis] |

| estar atrasado | καθυστερώ | [kaθisteró] |
| atraso (m) de voo | καθυστέρηση πτήσης (θηλ.) | [kaθistérisi ptísis] |

painel (m) de informação	πίνακας πληροφοριών (αρ.)	[pínakas pliroforión]
informação (f)	πληροφορίες (θηλ.πλ.)	[pliroforíes]
anunciar (vt)	ανακοινώνω	[anakinóno]
voo (m)	πτήση (θηλ.)	[ptísi]

alfândega (f)	τελωνείο (ουδ.)	[teljonío]
funcionário (m) da alfândega	τελωνειακός (αρ.)	[teljoniakós]
declaração (f) alfandegária	τελωνειακή διασάφηση (θηλ.)	[teljoniakí ðiasáfisi]
preencher a declaração	συμπληρώνω τη δήλωση	[simbliróno ti ðíljosi]
controle (m) de passaporte	έλεγχος διαβατηρίων (αρ.)	[élenxos ðiavatiríon]
bagagem (f)	αποσκευές (θηλ.πλ.)	[aposkevés]
bagagem (f) de mão	χειραποσκευή (θηλ.)	[xiraposkeví]
carrinho (m)	καρότσι αποσκευών (ουδ.)	[karótsi aposkevón]
pouso (m)	προσγείωση (θηλ.)	[prozjíosi]
pista (f) de pouso	διάδρομος προσγείωσης (αρ.)	[ðiáðromos prozjíosis]
aterrissar (vi)	προσγειώνομαι	[prozjiónome]
escada (f) de avião	σκάλα αεροσκάφους (θηλ.)	[skálja aeroskáfus]
check-in (m)	check-in (ουδ.)	[tʃek-in]
balcão (m) do check-in	πάγκος ελέγχου εισητηρίων (αρ.)	[pángos elénxu isitiríon]
fazer o check-in	κάνω check-in	[káno tʃek-in]
cartão (m) de embarque	κάρτα επιβίβασης (θηλ.)	[kárta epivívasis]
portão (m) de embarque	πύλη αναχώρησης (θηλ.)	[píli anaxórisis]
trânsito (m)	διέλευση (θηλ.)	[ðiélefsi]
esperar (vi, vt)	περιμένω	[periméno]
sala (f) de espera	αίθουσα αναχώρησης (θηλ.)	[éθusa anaxórisis]
despedir-se (acompanhar)	συνοδεύω	[sinoðévo]
despedir-se (dizer adeus)	αποχαιρετώ	[apoxeretó]

Eventos

109. Férias. Evento

festa (f)	γιορτή (θηλ.)	[jortí]
feriado (m) nacional	εθνική γιορτή (θηλ.)	[eθnikí jortí]
feriado (m)	αργία (θηλ.)	[arjía]
festejar (vt)	γιορτάζω	[jortázo]
evento (festa, etc.)	γεγονός (ουδ.)	[jeγonós]
evento (banquete, etc.)	εκδήλωση (θηλ.)	[ekðílʲosi]
banquete (m)	συμπόσιο (ουδ.)	[simbósio]
recepção (f)	δεξίωση (θηλ.)	[ðeksíosi]
festim (m)	γλέντι (ουδ.)	[ɣléndi]
aniversário (m)	επέτειος (θηλ.)	[epétios]
jubileu (m)	ιωβηλαίο (ουδ.)	[ioviléo]
celebrar (vt)	γιορτάζω	[jortázo]
Ano (m) Novo	Πρωτοχρονιά (θηλ.)	[protoxroniá]
Feliz Ano Novo!	Καλή Χρονιά!	kalí xroniá!
Papai Noel (m)	Άγιος Βασίλης (αρ.)	[ájos vasílis]
Natal (m)	Χριστούγεννα (ουδ.πλ.)	[xristújena]
Feliz Natal!	Καλά Χριστούγεννα!	[kalʲá xristújena]
árvore (f) de Natal	Χριστουγεννιάτικο δέντρο (ουδ.)	[xristujeniátiko ðéndro]
fogos (m pl) de artifício	πυροτεχνήματα (ουδ.πλ.)	[pirotexnímata]
casamento (m)	γάμος (αρ.)	[ɣámos]
noivo (m)	γαμπρός (αρ.)	[ɣambrós]
noiva (f)	νύφη (θηλ.)	[nífi]
convidar (vt)	προσκαλώ	[proskalʲó]
convite (m)	πρόσκληση (θηλ.)	[prósklisi]
convidado (m)	επισκέπτης (αρ.)	[episképtis]
visitar (vt)	επισκέπτομαι	[episképtome]
receber os convidados	συναντώ τους καλεσμένους	[sinandó tus kalezménus]
presente (m)	δώρο (ουδ.)	[ðóro]
oferecer, dar (vt)	δίνω	[ðíno]
receber presentes	παίρνω δώρα	[pérno ðóra]
buquê (m) de flores	ανθοδέσμη (θηλ.)	[anθoðézmi]
felicitações (f pl)	συγχαρητήρια (ουδ.πλ.)	[sinxaritíria]
felicitar (vt)	συγχαίρω	[sinxéro]
cartão (m) de parabéns	ευχετήρια κάρτα (θηλ.)	[efxetíria kárta]
enviar um cartão postal	στέλνω κάρτα	[stélʲno kárta]

receber um cartão postal	λαμβάνω κάρτα	[l'amváno kárta]
brinde (m)	πρόποση (θηλ.)	[próposi]
oferecer (vt)	κερνάω	[kernáo]
champanhe (m)	σαμπάνια (θηλ.)	[sambánia]
divertir-se (vr)	διασκεδάζω	[ðiaskeðázo]
diversão (f)	ευθυμία (θηλ.)	[efθimía]
alegria (f)	χαρά (θηλ.)	[xará]
dança (f)	χορός (αρ.)	[xorós]
dançar (vi)	χορεύω	[xorévo]
valsa (f)	βαλς (ουδ.)	[val's]
tango (m)	τανγκό (ουδ.)	[tangó]

110. Funerais. Enterro

cemitério (m)	νεκροταφείο (ουδ.)	[nekrotafío]
sepultura (f), túmulo (m)	τάφος (αρ.)	[táfos]
cruz (f)	σταυρός (αρ.)	[stavrós]
lápide (f)	ταφόπλακα (θηλ.)	[tafópl'aka]
cerca (f)	φράχτης (αρ.)	[fráxtis]
capela (f)	παρεκκλήσι (ουδ.)	[pareklísi]
morte (f)	θάνατος (αρ.)	[θánatos]
morrer (vi)	πεθαίνω	[peθéno]
defunto (m)	νεκρός (αρ.)	[nekrós]
luto (m)	πένθος (ουδ.)	[pénθos]
enterrar, sepultar (vt)	θάβω	[θávo]
funerária (f)	γραφείο τελετών (ουδ.)	[ɣrafío teletón]
funeral (m)	κηδεία (θηλ.)	[kiðía]
coroa (f) de flores	στεφάνι (ουδ.)	[stefáni]
caixão (m)	φέρετρο (ουδ.)	[féretro]
carro (m) funerário	νεκροφόρα (θηλ.)	[nekrofóra]
mortalha (f)	σάβανο (ουδ.)	[sávano]
urna (f) funerária	τεφροδόχος (θηλ.)	[tefroðóxos]
crematório (m)	κρεματόριο (ουδ.)	[krematório]
obituário (m), necrologia (f)	νεκρολογία (θηλ.)	[nekrol'oɟía]
chorar (vi)	κλαίω	[kléo]
soluçar (vi)	οδύρομαι	[oðírome]

111. Guerra. Soldados

pelotão (m)	διμοιρία (θηλ.)	[ðimiría]
companhia (f)	λόχος (αρ.)	[l'óxos]
regimento (m)	σύνταγμα (ουδ.)	[síndaɣma]
exército (m)	στρατός (αρ.)	[stratós]
divisão (f)	μεραρχία (θηλ.)	[merarxía]

esquadrão (m)	απόσπασμα (ουδ.)	[apóspazma]
hoste (f)	στρατιά (θηλ.)	[stratiá]

soldado (m)	στρατιώτης (αρ.)	[stratiótis]
oficial (m)	αξιωματικός (αρ.)	[aksiomatikós]

soldado (m) raso	απλός στρατιώτης (αρ.)	[apliós stratiótis]
sargento (m)	λοχίας (αρ.)	[lioxías]
tenente (m)	υπολοχαγός (αρ.)	[ipolioxayós]
capitão (m)	λοχαγός (αρ.)	[lioxayós]
major (m)	ταγματάρχης (αρ.)	[taγmatárxis]
coronel (m)	συνταγματάρχης (αρ.)	[sindaγmatárxis]
general (m)	στρατηγός (αρ.)	[stratiγós]

marujo (m)	ναυτικός (αρ.)	[naftikós]
capitão (m)	καπετάνιος (αρ.)	[kapetánios]
contramestre (m)	λοστρόμος (αρ.)	[liostrómos]

artilheiro (m)	πυροβολητής (αρ.)	[pirovolitís]
soldado (m) paraquedista	αλεξιπτωτιστής (αρ.)	[aleksiptotís]
piloto (m)	αεροπόρος (αρ.)	[aeropóros]
navegador (m)	πλοηγός (αρ.)	[plioiγós]
mecânico (m)	μηχανικός (αρ.)	[mixanikós]

sapador-mineiro (m)	σκαπανέας (αρ.)	[skapanéas]
paraquedista (m)	αλεξιπτωτιστής (αρ.)	[aleksiptotís]
explorador (m)	στρατιωτικός αναγνώρισης (αρ.)	[stratiotikós anaγnórisis]
atirador (m) de tocaia	δεινός σκοπευτής (αρ.)	[ðinós skopeftís]
patrulha (f)	περιπολία (θηλ.)	[peripolía]
patrulhar (vt)	περιπολώ	[peripolió]
sentinela (f)	σκοπός (αρ.)	[skopós]

guerreiro (m)	πολεμιστής (αρ.)	[polemistís]
patriota (m)	πατριώτης (αρ.)	[patriótis]
herói (m)	ήρωας (αρ.)	[íroas]
heroína (f)	ηρωίδα (θηλ.)	[iroíða]

traidor (m)	προδότης (αρ.)	[proðótis]
desertor (m)	λιποτάκτης (αρ.)	[lipotáktis]
desertar (vt)	λιποτακτώ	[lipotaktó]

mercenário (m)	μισθοφόρος (αρ.)	[misθofóros]
recruta (m)	νεοσύλλεκτος (αρ.)	[neosílektos]
voluntário (m)	εθελοντής (αρ.)	[eθeliondís]

morto (m)	νεκρός (αρ.)	[nekrós]
ferido (m)	τραυματίας (αρ.)	[travmatías]
prisioneiro (m) de guerra	αιχμάλωτος (αρ.)	[exmáliotos]

112. Guerra. Ações militares. Parte 1

guerra (f)	πόλεμος (αρ.)	[pólemos]
guerrear (vt)	πολεμώ	[polemó]

guerra (f) civil	εμφύλιος πόλεμος (αρ.)	[emfílios pólemos]
perfidamente	ύπουλα	[ípulʲa]
declaração (f) de guerra	κήρυξη πολέμου (θηλ.)	[kíriksi polému]
declarar guerra	κηρύσσω πόλεμο	[kiríso pólemo]
agressão (f)	επιθετικότητα (θηλ.)	[epiθetikótita]
atacar (vt)	επιτίθεμαι	[epitíθeme]
invadir (vt)	εισβάλλω	[isválʲo]
invasor (m)	επιδρομέας (αρ.)	[epiðroméas]
conquistador (m)	κατακτητής (αρ.)	[kataktitís]
defesa (f)	άμυνα (θηλ.)	[ámina]
defender (vt)	υπερασπίζω	[iperaspízo]
defender-se (vr)	αμύνομαι	[amínome]
inimigo (m)	εχθρός (αρ.)	[exθrós]
adversário (m)	αντίπαλος (αρ.)	[andípalʲos]
inimigo (adj)	εχθρικός	[exθrikós]
estratégia (f)	στρατηγική (θηλ.)	[stratijikí]
tática (f)	τακτική (θηλ.)	[taktikí]
ordem (f)	διαταγή (θηλ.)	[ðiatají]
comando (m)	διαταγή (θηλ.)	[ðiatají]
ordenar (vt)	διατάζω	[ðiatázo]
missão (f)	αποστολή (θηλ.)	[apostolí]
secreto (adj)	μυστικός	[mistikós]
batalha (f), combate (m)	μάχη (θηλ.)	[máxi]
ataque (m)	επίθεση (θηλ.)	[epíθesi]
assalto (m)	επίθεση (θηλ.)	[epíθesi]
assaltar (vt)	επιτίθεμαι	[epitíθeme]
assédio, sítio (m)	πολιορκία (θηλ.)	[poliorkía]
ofensiva (f)	επίθεση (θηλ.)	[epíθesi]
tomar à ofensiva	επιτίθεμαι	[epitíθeme]
retirada (f)	υποχώρηση (θηλ.)	[ipoxórisi]
retirar-se (vr)	υποχωρώ	[ipoxoró]
cerco (m)	περικύκλωση (θηλ.)	[perikíklʲosi]
cercar (vt)	περικυκλώνω	[perikiklʲóno]
bombardeio (m)	βομβαρδισμός (αρ.)	[vomvarðizmós]
lançar uma bomba	ρίχνω βόμβα	[ríxno vómva]
bombardear (vt)	βομβαρδίζω	[vomvarðízo]
explosão (f)	έκρηξη (θηλ.)	[ékriksi]
tiro (m)	πυροβολισμός (αρ.)	[pirovolizmós]
dar um tiro	πυροβολώ	[pirovolʲó]
tiroteio (m)	πυροβολισμός (αρ.)	[pirovolizmós]
apontar para ...	στοχεύω σε ...	[stoxévo se]
apontar (vt)	σημαδεύω	[simaðévo]
acertar (vt)	πετυχαίνω	[petixéno]
afundar (~ um navio, etc.)	βυθίζω	[viθízo]

| brecha (f) | ρήγμα (ουδ.) | [ríɣma] |
| afundar-se (vr) | βουλιάζω | [vuliázo] |

frente (m)	μέτωπο (ουδ.)	[métopo]
evacuação (f)	εκκένωση (θηλ.)	[ekénosi]
evacuar (vt)	εκκενώνω	[ekenóno]

arame (m) enfarpado	συρματόπλεγμα (ουδ.)	[sirmatópleɣma]
barreira (f) anti-tanque	εμπόδιο (ουδ.)	[embóðio]
torre (f) de vigia	παρατηρητήριο (ουδ.)	[paratiritírio]

hospital (m) militar	στρατιωτικό νοσοκομείο (ουδ.)	[stratiotikó nosokomío]
ferir (vt)	τραυματίζω	[travmatízo]
ferida (f)	πληγή (θηλ.)	[pliʝí]
ferido (m)	τραυματίας (αρ.)	[travmatías]
ficar ferido	τραυματίζομαι	[travmatízome]
grave (ferida ~)	σοβαρός	[sovarós]

113. Guerra. Ações militares. Parte 2

cativeiro (m)	αιχμαλωσία (θηλ.)	[exmalʲosía]
capturar (vt)	αιχμαλωτίζω	[exmalʲotízo]
estar em cativeiro	είμαι αιχμάλωτος	[íme exmálʲotos]
ser aprisionado	αιχμαλωτίζομαι	[exmalʲotízome]

campo (m) de concentração	στρατόπεδο συγκέντρωσης (ουδ.)	[stratópeðo singendrósis]
prisioneiro (m) de guerra	αιχμάλωτος (αρ.)	[exmálʲotos]
escapar (vi)	δραπετεύω	[ðrapetévo]

trair (vt)	προδίδω	[proðíðo]
traidor (m)	προδότης (αρ.)	[proðótis]
traição (f)	προδοσία (θηλ.)	[proðosía]

| fuzilar, executar (vt) | εκτελώ | [ektelʲó] |
| fuzilamento (m) | τυφεκισμός (αρ.) | [tifekizmós] |

equipamento (m)	εξοπλισμός (αρ.)	[eksoplizmós]
insígnia (f) de ombro	επωμίδα (θηλ.)	[epomíða]
máscara (f) de gás	μάσκα αερίων (θηλ.)	[máska aeríon]

rádio (m)	πομποδέκτης (αρ.)	[pomboðéktis]
cifra (f), código (m)	κωδικός (αρ.)	[koðikós]
conspiração (f)	μυστικότητα (θηλ.)	[mistikótita]
senha (f)	κωδικός (αρ.)	[koðikós]

mina (f)	νάρκη (θηλ.)	[nárki]
minar (vt)	ναρκοθετώ	[narkoθetó]
campo (m) minado	ναρκοπέδιο (ουδ.)	[narkopéðio]

| alarme (m) aéreo | αεροπορικός συναγερμός (αρ.) | [aeroporikós sinaʝermós] |
| alarme (m) | συναγερμός (αρ.) | [sinaʝermós] |

sinal (m)	σήμα (ουδ.)	[síma]
sinalizador (m)	συνθηματική ρουκέτα (θηλ.)	[sinθimatikí rukéta]

quartel-general (m)	αρχηγείο (ουδ.)	[arxijío]
reconhecimento (m)	αναγνώριση (θηλ.)	[anaɣnórisi]
situação (f)	κατάσταση (θηλ.)	[katástasi]
relatório (m)	αναφορά (θηλ.)	[anaforá]
emboscada (f)	ενέδρα (θηλ.)	[enéðra]
reforço (m)	ενισχύσεις (θηλ.πλ.)	[enisxísis]

alvo (m)	στόχος (αρ.)	[stóxos]
campo (m) de tiro	πεδίο βολής (ουδ.)	[peðío volís]
manobras (f pl)	στρατιωτική άσκηση (θηλ.)	[stratiotikí áskisi]

pânico (m)	πανικός (αρ.)	[panikós]
devastação (f)	ερείπια (ουδ.πλ.)	[erípia]
ruínas (f pl)	καταστροφές (θηλ.πλ.)	[katastrofés]
destruir (vt)	καταστρέφω	[katastréfo]

sobreviver (vi)	επιβιώνω	[epivevióno]
desarmar (vt)	αφοπλίζω	[afoplízo]
manusear (vt)	μεταχειρίζομαι	[metaxirízome]

Sentido!	Προσοχή!	[prosoxí]
Descansar!	Ανάπαυση!	[anápafsi]

façanha (f)	άθλος (αρ.)	[áθlⁱos]
juramento (m)	όρκος (αρ.)	[órkos]
jurar (vi)	ορκίζομαι	[orkízome]

condecoração (f)	μετάλλιο, παράσημο (ουδ.)	[metálio], [parásimo]
condecorar (vt)	απονέμω	[aponémo]
medalha (f)	μετάλλιο (ουδ.)	[metálio]
ordem (f)	παράσημο (ουδ.)	[parásimo]

vitória (f)	νίκη (θηλ.)	[níki]
derrota (f)	ήττα (θηλ.)	[íta]
armistício (m)	ανακωχή (θηλ.)	[anakoxí]

bandeira (f)	σημαία (θηλ.)	[siméa]
glória (f)	δόξα (θηλ.)	[ðóksa]
parada (f)	παρέλαση (θηλ.)	[parélⁱasi]
marchar (vi)	παρελαύνω	[parelⁱávno]

114. Armas

arma (f)	όπλα (ουδ.πλ.)	[óplⁱa]
arma (f) de fogo	πυροβόλα όπλα (ουδ.πλ.)	[pirovólⁱa óplⁱa]
arma (f) branca	αγχέμαχα όπλα (ουδ.πλ.)	[anxémaxa óplⁱa]

arma (f) química	χημικά όπλα (ουδ.πλ.)	[ximiká óplⁱa]
nuclear (adj)	πυρηνικός	[pirinikós]
arma (f) nuclear	πυρηνικά όπλα (ουδ.πλ.)	[piriniká óplⁱa]
bomba (f)	βόμβα (θηλ.)	[vómva]

bomba (f) atômica	ατομική βόμβα (θηλ.)	[atomikí vómva]
pistola (f)	πιστόλι (ουδ.)	[pistóli]
rifle (m)	τουφέκι (ουδ.)	[tuféki]
semi-automática (f)	αυτόματο (ουδ.)	[aftómato]
metralhadora (f)	πολυβόλο (ουδ.)	[polivólʲo]

boca (f)	στόμιο κάννης (ουδ.)	[stómio kánis]
cano (m)	κάννη (θηλ.)	[káni]
calibre (m)	διαμέτρημα (ουδ.)	[ðiamétrima]

gatilho (m)	σκανδάλη (θηλ.)	[skanðáli]
mira (f)	στόχαστρο (ουδ.)	[stóxastro]
carregador (m)	γεμιστήρας (αρ.)	[ʝemistíras]
coronha (f)	κοντάκι (ουδ.)	[kondáki]

granada (f) de mão	χειροβομβίδα (θηλ.)	[xirovomvíða]
explosivo (m)	εκρηκτικό (ουδ.)	[ekriktikó]

bala (f)	σφαίρα (θηλ.)	[sféra]
cartucho (m)	φυσίγγι (ουδ.)	[fisíngi]
carga (f)	γόμωση (θηλ.)	[ɣómosi]
munições (f pl)	πυρομαχικά (ουδ.πλ.)	[piromaxiká]

bombardeiro (m)	βομβαρδιστικό αεροπλάνο (ουδ.)	[vomvarðistikó aeroplʲáno]
avião (m) de caça	μαχητικό αεροσκάφος (ουδ.)	[maxitikó aeroskáfos]
helicóptero (m)	ελικόπτερο (ουδ.)	[elikóptero]

canhão (m) antiaéreo	αντιαεροπορικό πυροβόλο (ουδ.)	[andiaeroporikó pirovólʲo]
tanque (m)	τανκ (ουδ.)	[tank]
canhão (de um tanque)	πυροβόλο (ουδ.)	[pirovólʲo]

artilharia (f)	πυροβολικό (ουδ.)	[pirovolikó]
fazer a pontaria	σημαδεύω	[simaðévo]

projétil (m)	βλήμα (ουδ.)	[vlíma]
granada (f) de morteiro	βλήμα όλμου (ουδ.)	[vlíma ólʲmu]
morteiro (m)	όλμος (αρ.), ολμοβόλο (ουδ.)	[ólʲmos], [olʲmovólʲo]
estilhaço (m)	θραύσμα (ουδ.)	[θrávzma]

submarino (m)	υποβρύχιο (ουδ.)	[ipovríxo]
torpedo (m)	τορπίλη (θηλ.)	[torpíli]
míssil (m)	ρουκέτα (θηλ.)	[rukéta]

carregar (uma arma)	γεμίζω	[ʝemízo]
disparar, atirar (vi)	πυροβολώ	[pirovolʲó]
apontar para ...	στοχεύω σε ...	[stoxévo se]
baioneta (f)	ξιφολόγχη (θηλ.)	[ksifolʲónxi]

espada (f)	ξίφος (ουδ.)	[ksífos]
sabre (m)	σπαθί (ουδ.)	[spaθí]
lança (f)	δόρυ (ουδ.)	[ðóri]
arco (m)	τόξο (ουδ.)	[tókso]
flecha (f)	βέλος (ουδ.)	[vélʲos]

mosquete (m)	μουσκέτο (ουδ.)	[muskéto]
besta (f)	τόξο (ουδ.)	[tókso]

115. Povos da antiguidade

primitivo (adj)	πρωτόγονος	[protóɣonos]
pré-histórico (adj)	προϊστορικός	[projstorikós]
antigo (adj)	αρχαίος	[arxéos]
Idade (f) da Pedra	Λίθινη Εποχή (θηλ.)	[líθini epoxí]
Idade (f) do Bronze	Εποχή του Χαλκού (θηλ.)	[epoxí tu xalʲkú]
Era (f) do Gelo	Εποχή των Παγετώνων (θηλ.)	[epoxí ton paɣetónon]
tribo (f)	φυλή (θηλ.)	[filí]
canibal (m)	κανίβαλος (αρ.)	[kanívalʲos]
caçador (m)	κυνηγός (αρ.)	[kiniɣós]
caçar (vi)	κυνηγώ	[kiniɣó]
mamute (m)	μαμούθ (ουδ.)	[mamúθ]
caverna (f)	σπηλιά (θηλ.)	[spiliá]
fogo (m)	φωτιά (θηλ.)	[fotiá]
fogueira (f)	φωτιά (θηλ.)	[fotiá]
pintura (f) rupestre	τοιχογραφία σπηλαίων (θηλ.)	[tixoɣrafía spiléon]
ferramenta (f)	εργαλείο (ουδ.)	[erɣalío]
lança (f)	ακόντιο (ουδ.)	[akóndio]
machado (m) de pedra	πέτρινο τσεκούρι (ουδ.)	[pétrino tsekúri]
guerrear (vt)	πολεμώ	[polemó]
domesticar (vt)	εξημερώνω	[eksimeróno]
ídolo (m)	είδωλο (ουδ.)	[ídolʲo]
adorar, venerar (vt)	λατρεύω	[lʲatrévo]
superstição (f)	δεισιδαιμονία (θηλ.)	[ðisiðemonía]
evolução (f)	εξέλιξη (θηλ.)	[ekséliksi]
desenvolvimento (m)	ανάπτυξη (θηλ.)	[anáptiksi]
extinção (f)	εξαφάνιση (θηλ.)	[eksafánisi]
adaptar-se (vr)	προσαρμόζομαι	[prosarmózome]
arqueologia (f)	αρχαιολογία (θηλ.)	[arxeolʲojía]
arqueólogo (m)	αρχαιολόγος (αρ.)	[arxeolʲóɣos]
arqueológico (adj)	αρχαιολογικός	[arxeolʲojikós]
escavação (sítio)	χώρος ανασκαφής (αρ.)	[xóros anaskafís]
escavações (f pl)	ανασκαφή (θηλ.)	[anaskafí]
achado (m)	εύρημα (ουδ.)	[évrima]
fragmento (m)	τεμάχιο (ουδ.)	[temáxio]

116. Idade média

povo (m)	λαός (αρ.)	[lʲaós]
povos (m pl)	λαοί (αρ.πλ.)	[lʲaí]

tribo (f)	φυλή (θηλ.)	[filí]
tribos (f pl)	φυλές (θηλ.πλ.)	[filés]

bárbaros (pl)	Βάρβαροι (αρ.πλ.)	[várvari]
galeses (pl)	Γάλλοι (αρ.πλ.)	[γáli]
godos (pl)	Γότθοι (αρ.πλ.)	[γótθi]
eslavos (pl)	Σλάβοι (αρ.πλ.)	[sliávi]
viquingues (pl)	Βίκινγκς (αρ.πλ.)	[víkings]

romanos (pl)	Ρωμαίοι (αρ.πλ.)	[roméi]
romano (adj)	ρωμαϊκός	[romaikós]

bizantinos (pl)	Βυζαντινοί (αρ.πλ.)	[vizandiní]
Bizâncio	Βυζάντιο (ουδ.)	[vizándio]
bizantino (adj)	βυζαντινός	[vizandinós]

imperador (m)	αυτοκράτορας (αρ.)	[aftokrátoras]
líder (m)	αρχηγός (αρ.)	[arxiγós]
poderoso (adj)	ισχυρός	[isxirós]
rei (m)	βασιλιάς (αρ.)	[vasiliás]
governante (m)	ηγεμόνας (αρ.)	[ijemónas]

cavaleiro (m)	ιππότης (αρ.)	[ipótis]
senhor feudal (m)	φεουδάρχης (αρ.)	[feuðárxis]
feudal (adj)	φεουδαρχικός	[feuðarxikós]
vassalo (m)	υποτελής, βασάλος (αρ.)	[ipotelís], [vasálios]

duque (m)	δούκας (αρ.)	[ðúkas]
conde (m)	κόμης (αρ.)	[kómis]
barão (m)	βαρόνος (αρ.)	[varónos]
bispo (m)	επίσκοπος (αρ.)	[epískopos]

armadura (f)	πανοπλία (θηλ.)	[panoplía]
escudo (m)	ασπίδα (θηλ.)	[aspíða]
espada (f)	σπαθί (ουδ.)	[spaθí]
cota (f) de malha	αλυσιδωτή πανοπλία (θηλ.)	[alisiðotí panoplía]

cruzada (f)	σταυροφορία (θηλ.)	[stavroforía]
cruzado (m)	σταυροφόρος (αρ.)	[stavrofóros]

território (m)	έδαφος (ουδ.)	[éðafos]
atacar (vt)	επιτίθεμαι	[epitíθeme]
conquistar (vt)	κατακτώ	[kataktó]
ocupar, invadir (vt)	καταλαμβάνω	[kataliamváno]

assédio, sítio (m)	πολιορκία (θηλ.)	[poliorkía]
sitiado (adj)	πολιορκημένος	[poliorkiménos]
assediar, sitiar (vt)	πολιορκώ	[poliorkó]

inquisição (f)	Ιερά Εξέταση (θηλ.)	[ierá eksétasi]
inquisidor (m)	ιεροεξεταστής (αρ.)	[ieroeksetastís]
tortura (f)	βασανιστήριο (ουδ.)	[vasanistírio]
cruel (adj)	βάναυσος	[vánafsos]
herege (m)	αιρετικός (αρ.)	[eretikós]
heresia (f)	αίρεση (θηλ.)	[éresi]
navegação (f) marítima	ναυτιλία (θηλ.)	[naftilía]

pirata (m)	πειρατής (αρ.)	[piratís]
pirataria (f)	πειρατεία (θηλ.)	[piratía]
abordagem (f)	ρεσάλτο (ουδ.)	[resálʲto]
presa (f), butim (m)	λάφυρο (ουδ.)	[lʲáfiro]
tesouros (m pl)	θησαυροί (αρ.πλ.)	[θisavrí]

descobrimento (m)	ανακάλυψη (θηλ.)	[anakálipsi]
descobrir (novas terras)	ανακαλύπτω	[anakálipto]
expedição (f)	αποστολή (θηλ.)	[apostolí]

mosqueteiro (m)	μουσκετοφόρος (αρ.)	[musketofóros]
cardeal (m)	καρδινάλιος (αρ.)	[karðinálios]
heráldica (f)	εραλδική (θηλ.)	[eralʲðikí]
heráldico (adj)	εραλδικός	[eralʲðikós]

117. Líder. Chefe. Autoridades

rei (m)	βασιλιάς (αρ.)	[vasiliás]
rainha (f)	βασίλισσα (θηλ.)	[vasílisa]
real (adj)	βασιλικός	[vasilikós]
reino (m)	βασίλειο (ουδ.)	[vasílio]

| príncipe (m) | πρίγκιπας (αρ.) | [príngipas] |
| princesa (f) | πριγκίπισσα (θηλ.) | [pringípisa] |

presidente (m)	πρόεδρος (αρ.)	[próeðros]
vice-presidente (m)	αντιπρόεδρος (αρ.)	[andipróeðros]
senador (m)	γερουσιαστής (αρ.)	[ǰerusiastís]

monarca (m)	μονάρχης (αρ.)	[monárxis]
governante (m)	ηγεμόνας (αρ.)	[iǰemónas]
ditador (m)	δικτάτορας (αρ.)	[ðiktátoras]
tirano (m)	τύραννος (αρ.)	[tíranos]
magnata (m)	μεγιστάνας (αρ.)	[meǰistánas]

diretor (m)	διευθυντής (αρ.)	[ðiefθindís]
chefe (m)	αφεντικό (ουδ.)	[afendikó]
gerente (m)	διευθυντής (αρ.)	[ðiefθindís]
patrão (m)	αφεντικό (ουδ.)	[afendikó]
dono (m)	ιδιοκτήτης (αρ.)	[iðioktítis]

líder (m)	αρχηγός (αρ.)	[arxiɣós]
chefe (m)	επικεφαλής (αρ.)	[epikefalís]
autoridades (f pl)	αρχές (θηλ.πλ.)	[arxés]
superiores (m pl)	προϊστάμενοι (πλ.)	[projstámeni]

governador (m)	κυβερνήτης (αρ.)	[kivernítis]
cônsul (m)	πρόξενος (αρ.)	[próksenos]
diplomata (m)	διπλωμάτης (αρ.)	[ðiplʲomátis]
Presidente (m) da Câmara	δήμαρχος (αρ.)	[ðímarxos]
xerife (m)	σερίφης (αρ.)	[serífis]

| imperador (m) | αυτοκράτορας (αρ.) | [aftokrátoras] |
| czar (m) | τσάρος (αρ.) | [tsáros] |

| faraó (m) | Φαραώ (αρ.) | [faraó] |
| cã, khan (m) | χαν, χάνος (αρ.) | [xan], [xános] |

118. Violação da lei. Criminosos. Parte 1

bandido (m)	συμμορίτης (αρ.)	[simorítis]
crime (m)	έγκλημα (ουδ.)	[énglima]
criminoso (m)	εγκληματίας (αρ.)	[englimatías]

ladrão (m)	κλέφτης (αρ.)	[kléftis]
roubar (vt)	κλέβω	[klévo]
roubo (atividade)	κλοπή (θηλ.)	[klʲopí]
furto (m)	κλοπή (θηλ.)	[klʲopí]

raptar, sequestrar (vt)	απάγω	[apáɣo]
sequestro (m)	απαγωγή (θηλ.)	[apaɣoʝí]
sequestrador (m)	απαγωγέας (αρ.)	[apaɣoʝéas]

| resgate (m) | λύτρα (ουδ.πλ.) | [lítra] |
| pedir resgate | ζητώ λύτρα | [zitó lítra] |

roubar (vt)	ληστεύω	[listévo]
assalto, roubo (m)	ληστεία (θηλ.)	[listía]
assaltante (m)	ληστής (αρ.)	[listís]

extorquir (vt)	αποσπώ εκβιαστικά	[apospó ekviastiká]
extorsionário (m)	εκβιαστής (αρ.)	[ekviastís]
extorsão (f)	εκβιασμός (αρ.)	[ekviazmós]

matar, assassinar (vt)	σκοτώνω	[skotóno]
homicídio (m)	φόνος (αρ.)	[fónos]
homicida, assassino (m)	δολοφόνος (αρ.)	[δolʲofónos]

tiro (m)	πυροβολισμός (αρ.)	[pirovolizmós]
dar um tiro	πυροβολώ	[pirovolʲó]
matar a tiro	σκοτώνω με πυροβόλο όπλο	[skotóno mepirovólʲo oplʲo]
disparar, atirar (vi)	πυροβολώ	[pirovolʲó]
tiroteio (m)	πυροβολισμός (αρ.)	[pirovolizmós]

incidente (m)	επεισόδιο (ουδ.)	[episóδio]
briga (~ de rua)	καυγάς (αρ.)	[kavɣás]
vítima (f)	θύμα (ουδ.)	[θíma]

danificar (vt)	καταστρέφω	[katastréfo]
dano (m)	ζημιά (θηλ.)	[zimiá]
cadáver (m)	πτώμα (ουδ.)	[ptóma]
grave (adj)	σοβαρός	[sovarós]

atacar (vt)	επιτίθεμαι	[epitíθeme]
bater (espancar)	χτυπάω	[xtipáo]
espancar (vt)	δέρνω	[δérno]
tirar, roubar (dinheiro)	κλέβω	[klévo]
esfaquear (vt)	μαχαιρώνω	[maxeróno]

mutilar (vt)	παραμορφώνω	[paramorfóno]
ferir (vt)	τραυματίζω	[travmatízo]

chantagem (f)	εκβιασμός (αρ.)	[ekviazmós]
chantagear (vt)	εκβιάζω	[ekviázo]
chantagista (m)	εκβιαστής (αρ.)	[ekviastís]

extorsão (f)	προστασία έναντι χρημάτων (θηλ.)	[prostasía énandi xrimáton]
extorsionário (m)	απατεώνας (αρ.)	[apateónas]
gângster (m)	γκάνγκστερ (αρ.)	[gángster]
máfia (f)	μαφία (θηλ.)	[mafía]

punguista (m)	πορτοφολάς (αρ.)	[portofoĺás]
assaltante, ladrão (m)	διαρρήκτης (αρ.)	[ðiaríktis]
contrabando (m)	λαθρεμπόριο (ουδ.)	[ĺaθrembório]
contrabandista (m)	λαθρέμπορος (αρ.)	[ĺaθrémboros]

falsificação (f)	πλαστογραφία (θηλ.)	[pĺastoγrafía]
falsificar (vt)	πλαστογραφώ	[pĺastoγrafó]
falsificado (adj)	πλαστός	[pĺastós]

119. Violação da lei. Criminosos. Parte 2

estupro (m)	βιασμός (αρ.)	[viazmós]
estuprar (vt)	βιάζω	[viázo]
estuprador (m)	βιαστής (αρ.)	[viastís]
maníaco (m)	μανιακός (αρ.)	[maniakós]

prostituta (f)	πόρνη (θηλ.)	[pórni]
prostituição (f)	πορνεία (θηλ.)	[pornía]
cafetão (m)	νταβατζής (αρ.)	[davadzís]

drogado (m)	ναρκομανής (αρ.)	[narkomanís]
traficante (m)	έμπορος ναρκωτικών (αρ.)	[émboros narkotikón]

explodir (vt)	ανατινάζω	[anatinázo]
explosão (f)	έκρηξη (θηλ.)	[ékriksi]
incendiar (vt)	πυρπολώ	[pirpoĺó]
incendiário (m)	εμπρηστής (αρ.)	[embristís]

terrorismo (m)	τρομοκρατία (θηλ.)	[tromokratía]
terrorista (m)	τρομοκράτης (αρ.)	[tromokrátis]
refém (m)	όμηρος (αρ.)	[ómiros]

enganar (vt)	εξαπατώ	[eksapató]
engano (m)	εξαπάτηση (θηλ.)	[eksapátisi]
vigarista (m)	απατεώνας (αρ.)	[apateónas]

subornar (vt)	δωροδοκώ	[ðoroðokó]
suborno (atividade)	δωροδοκία (θηλ.)	[ðoroðokía]
suborno (dinheiro)	δωροδοκία (θηλ.)	[ðoroðokía]
veneno (m)	δηλητήριο (ουδ.)	[ðilitírio]
envenenar (vt)	δηλητηριάζω	[ðilitiriázo]

envenenar-se (vr)	δηλητηριάζομαι	[ðilitiriázome]
suicídio (m)	αυτοκτονία (θηλ.)	[aftoktonía]
suicida (m)	αυτόχειρας (αρ.)	[aftóxiras]

ameaçar (vt)	απειλώ	[apilʲó]
ameaça (f)	απειλή (θηλ.)	[apilí]
atentar contra a vida de ...	αποπειρώμαι	[apopiróme]
atentado (m)	απόπειρα δολοφονίας (θηλ.)	[apópira ðolʲofonías]

roubar (um carro)	κλέβω	[klévo]
sequestrar (um avião)	κάνω αεροπειρατεία	[káno aeropiratía]

vingança (f)	εκδίκηση (θηλ.)	[ekðíkisi]
vingar (vt)	εκδικούμαι	[ekðikúme]

torturar (vt)	βασανίζω	[vasanízo]
tortura (f)	βασανιστήριο (ουδ.)	[vasanistírio]
atormentar (vt)	βασανίζω	[vasanízo]

pirata (m)	πειρατής (αρ.)	[piratís]
desordeiro (m)	χούλιγκαν (αρ.)	[xúligan]
armado (adj)	οπλισμένος	[oplizménos]
violência (f)	βία, βιαιότητα (θηλ.)	[vía], [vieótita]

espionagem (f)	κατασκοπεία (θηλ.)	[kataskopía]
espionar (vi)	κατασκοπεύω	[kataskopévo]

120. Polícia. Lei. Parte 1

justiça (sistema de ~)	δικαιοσύνη (θηλ.)	[ðikeosíni]
tribunal (m)	δικαστήριο (ουδ.)	[ðikastírio]

juiz (m)	δικαστής (αρ.)	[ðikastís]
jurados (m pl)	ένορκοι (αρ.πλ.)	[énorki]
tribunal (m) do júri	ορκωτό δικαστήριο (ουδ.)	[orkotó ðikastírio]
julgar (vt)	δικάζω	[ðikázo]

advogado (m)	δικηγόρος (αρ.)	[ðikiɣóros]
réu (m)	κατηγορούμενος (αρ.)	[katiɣorúmenos]
banco (m) dos réus	εδώλιο (ουδ.)	[eðólio]

acusação (f)	κατηγορία (θηλ.)	[katiɣoría]
acusado (m)	κατηγορούμενος (αρ.)	[katiɣorúmenos]

sentença (f)	απόφαση (θηλ.)	[apófasi]
sentenciar (vt)	καταδικάζω	[kataðikázo]

culpado (m)	ένοχος (αρ.)	[énoxos]
punir (vt)	τιμωρώ	[timoró]
punição (f)	τιμωρία (θηλ.)	[timoría]

multa (f)	πρόστιμο (ουδ.)	[próstimo]
prisão (f) perpétua	ισόβια (ουδ.πλ.)	[isóvia]
pena (f) de morte	θανατική ποινή (θηλ.)	[θanatikí piní]

| cadeira (f) elétrica | ηλεκτρική καρέκλα (θηλ.) | [ilektrikí karékl'a] |
| forca (f) | αγχόνη (θηλ.) | [anxóni] |

| executar (vt) | εκτελώ | [ektel'ó] |
| execução (f) | εκτέλεση (θηλ.) | [ektélesi] |

| prisão (f) | φυλακή (θηλ.) | [fil'akí] |
| cela (f) de prisão | κελί (ουδ.) | [kelí] |

escolta (f)	συνοδεία (θηλ.)	[sinoðía]
guarda (m) prisional	δεσμοφύλακας (αρ.)	[ðezmofíl'akas]
preso, prisioneiro (m)	φυλακισμένος (αρ.)	[fil'akizménos]

| algemas (f pl) | χειροπέδες (θηλ.πλ.) | [xiropéðes] |
| algemar (vt) | περνάω χειροπέδες | [pernáo xiropéðes] |

fuga, evasão (f)	απόδραση (θηλ.)	[apóðrasi]
fugir (vi)	δραπετεύω	[ðrapetévo]
desaparecer (vi)	εξαφανίζομαι	[eksafanízome]
soltar, libertar (vt)	απελευθερώνω	[apelefθeróno]
anistia (f)	αμνηστία (θηλ.)	[amnistía]

polícia (instituição)	αστυνομία (θηλ.)	[astinomía]
polícia (m)	αστυνομικός (αρ.)	[astinomikós]
delegacia (f) de polícia	αστυνομικό τμήμα (ουδ.)	[astinomikó tmíma]
cassetete (m)	ρόπαλο (ουδ.)	[rópal'o]
megafone (m)	μεγάφωνο (ουδ.)	[meɣáfono]

carro (m) de patrulha	περιπολικό (ουδ.)	[peripolikó]
sirene (f)	σειρήνα (θηλ.)	[sirína]
ligar a sirene	ανοίγω τη σειρήνα	[aníɣo ti sirína]
toque (m) da sirene	βοή της σειρήνας (θηλ.)	[voí tis sirínas]

cena (f) do crime	τόπος εγκλήματος (αρ.)	[tópos englímatos]
testemunha (f)	μάρτυρας (αρ.)	[mártiras]
liberdade (f)	ελευθερία (θηλ.)	[elefθería]
cúmplice (m)	συνεργός (αρ.)	[sinerɣós]
escapar (vi)	δραπετεύω	[ðrapetévo]
traço (não deixar ~s)	ίχνος (ουδ.)	[íxnos]

121. Polícia. Lei. Parte 2

procura (f)	έρευνα (θηλ.)	[érevna]
procurar (vt)	αναζητώ	[anazitó]
suspeita (f)	υποψία (θηλ.)	[ipopsía]
suspeito (adj)	ύποπτος	[ípoptos]
parar (veículo, etc.)	σταματώ	[stamató]
deter (fazer parar)	προφυλακίζω	[profil'akízo]

caso (~ criminal)	υπόθεση (θηλ.)	[ipóθesi]
investigação (f)	έρευνα (θηλ.)	[érevna]
detetive (m)	ντετέκτιβ (αρ.)	[detéktiv]
investigador (m)	αστυνομικός ερευνητής (αρ.)	[astinomikós erevnitís]
versão (f)	εκδοχή (θηλ.)	[ekðoxí]

motivo (m)	κίνητρο (ουδ.)	[kínitro]
interrogatório (m)	ανάκριση (θηλ.)	[anákrisi]
interrogar (vt)	ανακρίνω	[anakríno]
questionar (vt)	ανακρίνω	[anakríno]
verificação (f)	έλεγχος (αρ.)	[élenxos]
batida (f) policial	έφοδος (θηλ.)	[éfoδos]
busca (f)	έρευνα (θηλ.)	[érevna]
perseguição (f)	καταδίωξη (θηλ.)	[kataδíoksi]
perseguir (vt)	καταδιώκω	[kataδióko]
seguir, rastrear (vt)	κυνηγώ	[kiniɣó]
prisão (f)	σύλληψη (θηλ.)	[sílipsi]
prender (vt)	συλλαμβάνω	[silʲamváno]
pegar, capturar (vt)	πιάνω	[piáno]
captura (f)	σύλληψη (θηλ.)	[sílipsi]
documento (m)	έγγραφο (ουδ.)	[éngrafo]
prova (f)	απόδειξη (θηλ.)	[apóδiksi]
provar (vt)	αποδεικνύω	[apoδiknío]
pegada (f)	αποτύπωμα (ουδ.)	[apotípoma]
impressões (f pl) digitais	δακτυλικά αποτυπώματα (ουδ.πλ.)	[δaktiliká apotipómata]
prova (f)	απόδειξη (θηλ.)	[apóδiksi]
álibi (m)	άλλοθι (ουδ.)	[álʲoθi]
inocente (adj)	αθώος	[aθóos]
injustiça (f)	αδικία (θηλ.)	[aδikía]
injusto (adj)	άδικος	[áδikos]
criminal (adj)	εγκληματικός	[englimatikós]
confiscar (vt)	κατάσχω	[katásxo]
droga (f)	ναρκωτικά (ουδ.πλ.)	[narkotiká]
arma (f)	όπλο (ουδ.)	[óplʲo]
desarmar (vt)	αφοπλίζω	[afoplízo]
ordenar (vt)	διατάζω	[δiatázo]
desaparecer (vi)	εξαφανίζομαι	[eksafanízome]
lei (f)	νόμος (αρ.)	[nómos]
legal (adj)	νόμιμος	[nómimos]
ilegal (adj)	παράνομος	[paránomos]
responsabilidade (f)	ευθύνη (θηλ.)	[efθíni]
responsável (adj)	υπεύθυνος	[ipéfθinos]

NATUREZA

A Terra. Parte 1

122. Espaço sideral

espaço, cosmo (m)	διάστημα (ουδ.)	[ðiástima]
espacial, cósmico (adj)	διαστημικός	[ðiastimikós]
espaço (m) cósmico	απώτερο διάστημα (ουδ.)	[apótero ðiástima]
mundo, universo (m)	σύμπαν (ουδ.)	[símban]
galáxia (f)	γαλαξίας (αρ.)	[ɣaliaksías]
estrela (f)	αστέρας (αρ.)	[astéras]
constelação (f)	αστερισμός (αρ.)	[asterizmós]
planeta (m)	πλανήτης (αρ.)	[plianítis]
satélite (m)	δορυφόρος (αρ.)	[ðorifóros]
meteorito (m)	μετεωρίτης (αρ.)	[meteorítis]
cometa (m)	κομήτης (αρ.)	[komítis]
asteroide (m)	αστεροειδής (αρ.)	[asteroiðís]
órbita (f)	τροχιά (θηλ.)	[troxiá]
girar (vi)	περιστρέφομαι	[peristréfome]
atmosfera (f)	ατμόσφαιρα (θηλ.)	[atmósfera]
Sol (m)	Ήλιος (αρ.)	[ílios]
Sistema (m) Solar	ηλιακό σύστημα (ουδ.)	[iliakó sístima]
eclipse (m) solar	έκλειψη ηλίου (θηλ.)	[éklipsi ilíu]
Terra (f)	Γη (θηλ.)	[ji]
Lua (f)	Σελήνη (θηλ.)	[selíni]
Marte (m)	Άρης (αρ.)	[áris]
Vênus (f)	Αφροδίτη (θηλ.)	[afroðíti]
Júpiter (m)	Δίας (αρ.)	[ðías]
Saturno (m)	Κρόνος (αρ.)	[krónos]
Mercúrio (m)	Ερμής (αρ.)	[ermís]
Urano (m)	Ουρανός (αρ.)	[uranós]
Netuno (m)	Ποσειδώνας (αρ.)	[posiðónas]
Plutão (m)	Πλούτωνας (αρ.)	[pliútonas]
Via Láctea (f)	Γαλαξίας (αρ.)	[ɣaliaksías]
Ursa Maior (f)	Μεγάλη Άρκτος (θηλ.)	[meɣáli árktos]
Estrela Polar (f)	Πολικός Αστέρας (αρ.)	[polikós astéras]
marciano (m)	Αρειανός (αρ.)	[arianós]
extraterrestre (m)	εξωγήινος (αρ.)	[eksojíinos]

| alienígena (m) | εξωγήινος (αρ.) | [eksojíinos] |
| disco (m) voador | ιπτάμενος δίσκος (αρ.) | [iptámenos δískos] |

espaçonave (f)	διαστημόπλοιο (ουδ.)	[δiastimóplio]
estação (f) orbital	διαστημικός σταθμός (αρ.)	[δiastimikós staθmós]
lançamento (m)	εκτόξευση (θηλ.)	[ektóksefsi]

motor (m)	κινητήρας (αρ.)	[kinitíras]
bocal (m)	ακροφύσιο (ουδ.)	[akrofísio]
combustível (m)	καύσιμο (ουδ.)	[káfsimo]

cabine (f)	πιλοτήριο (ουδ.)	[piljotírio]
antena (f)	κεραία (θηλ.)	[keréa]
vigia (f)	φινιστρίνι (ουδ.)	[finistríni]
bateria (f) solar	ηλιακός συλλέκτης (αρ.)	[iliakós siléktis]
traje (m) espacial	στολή αστροναύτη (θηλ.)	[stolí astronáfti]

| imponderabilidade (f) | έλλειψη βαρύτητας (θηλ.) | [élipsi varítitas] |
| oxigênio (m) | οξυγόνο (ουδ.) | [oksiγóno] |

| acoplagem (f) | πρόσδεση (θηλ.) | [prózδesi] |
| fazer uma acoplagem | προσδένω | [prozδéno] |

observatório (m)	αστεροσκοπείο (ουδ.)	[asteroskopío]
telescópio (m)	τηλεσκόπιο (ουδ.)	[tileskópio]
observar (vt)	παρατηρώ	[paratiró]
explorar (vt)	ερευνώ	[erevnó]

123. A Terra

Terra (f)	Γη (θηλ.)	[ji]
globo terrestre (Terra)	υδρόγειος (θηλ.)	[iδrójios]
planeta (m)	πλανήτης (αρ.)	[pljanítis]

atmosfera (f)	ατμόσφαιρα (θηλ.)	[atmósfera]
geografia (f)	γεωγραφία (θηλ.)	[jeoγrafía]
natureza (f)	φύση (θηλ.)	[físi]

globo (mapa esférico)	υδρόγειος (θηλ.)	[iδrójios]
mapa (m)	χάρτης (αρ.)	[xártis]
atlas (m)	άτλας (αρ.)	[átljas]

| Europa (f) | Ευρώπη (θηλ.) | [evrópi] |
| Ásia (f) | Ασία (θηλ.) | [asía] |

| África (f) | Αφρική (θηλ.) | [afrikí] |
| Austrália (f) | Αυστραλία (θηλ.) | [afstralía] |

América (f)	Αμερική (θηλ.)	[amerikí]
América (f) do Norte	Βόρεια Αμερική (θηλ.)	[vória amerikí]
América (f) do Sul	Νότια Αμερική (θηλ.)	[nótia amerikí]

| Antártida (f) | Ανταρκτική (θηλ.) | [andarktikí] |
| Ártico (m) | Αρκτική (θηλ.) | [arktikí] |

124. Pontos cardeais

norte (m)	βορράς (αρ.)	[vorás]
para norte	προς το βορρά	[pros to vorá]
no norte	στο βορρά	[sto vorá]
do norte (adj)	βόρειος	[vórios]
sul (m)	νότος (αρ.)	[nótos]
para sul	προς το νότο	[pros to nóto]
no sul	στο νότο	[sto nóto]
do sul (adj)	νότιος	[nótios]
oeste, ocidente (m)	δύση (θηλ.)	[ðísi]
para oeste	προς τη δύση	[pros ti ðísi]
no oeste	στη δύση	[sti ðísi]
ocidental (adj)	δυτικός	[ðitikós]
leste, oriente (m)	ανατολή (θηλ.)	[anatolí]
para leste	προς την ανατολή	[pros tin anatolí]
no leste	στην ανατολή	[stin anatolí]
oriental (adj)	ανατολικός	[anatolikós]

125. Mar. Oceano

mar (m)	θάλασσα (θηλ.)	[θálʲasa]
oceano (m)	ωκεανός (αρ.)	[okeanós]
golfo (m)	κόλπος (αρ.)	[kólʲpos]
estreito (m)	πορθμός (αρ.)	[porθmós]
continente (m)	ήπειρος (θηλ.)	[íperos]
ilha (f)	νησί (ουδ.)	[nisí]
península (f)	χερσόνησος (θηλ.)	[xersónisos]
arquipélago (m)	αρχιπέλαγος (ουδ.)	[arxipélʲaɣos]
baía (f)	κόλπος (αρ.)	[kólʲpos]
porto (m)	λιμάνι (ουδ.)	[limáni]
lagoa (f)	λιμνοθάλασσα (θηλ.)	[limnoθálʲasa]
cabo (m)	ακρωτήρι (ουδ.)	[akrotíri]
atol (m)	ατόλη (θηλ.)	[atóli]
recife (m)	ύφαλος (αρ.)	[ífalʲos]
coral (m)	κοράλλι (ουδ.)	[koráli]
recife (m) de coral	κοραλλιογενής ύφαλος (αρ.)	[koraliojenís ifalʲos]
profundo (adj)	βαθύς	[vaθís]
profundidade (f)	βάθος (ουδ.)	[váθos]
abismo (m)	άβυσσος (θηλ.)	[ávisos]
fossa (f) oceânica	τάφρος (θηλ.)	[táfros]
corrente (f)	ρεύμα (ουδ.)	[révma]
banhar (vt)	περιβρέχω	[perivréxo]
litoral (m)	παραλία (θηλ.)	[paralía]
costa (f)	ακτή (θηλ.)	[aktí]

maré (f) alta	πλημμυρίδα (θηλ.)	[plimiríða]
refluxo (m)	παλίρροια (θηλ.)	[palíria]
restinga (f)	ρηχά (ουδ.πλ.)	[rixá]
fundo (m)	πάτος (αρ.)	[pátos]

onda (f)	κύμα (ουδ.)	[kíma]
crista (f) da onda	κορυφή (θηλ.)	[korifí]
espuma (f)	αφρός (αρ.)	[afrós]

tempestade (f)	καταιγίδα (θηλ.)	[katejíða]
furacão (m)	τυφώνας (αρ.)	[tifónas]
tsunami (m)	τσουνάμι (ουδ.)	[tsunámi]
calmaria (f)	νηνεμία (θηλ.)	[ninemía]
calmo (adj)	ήσυχος	[ísixos]

polo (m)	πόλος (αρ.)	[pólʲos]
polar (adj)	πολικός	[polikós]

latitude (f)	γεωγραφικό πλάτος (ουδ.)	[jeoɣrafikó plʲátos]
longitude (f)	μήκος (ουδ.)	[míkos]
paralela (f)	παράλληλος (αρ.)	[parálilʲos]
equador (m)	ισημερινός (αρ.)	[isimerinós]

céu (m)	ουρανός (αρ.)	[uranós]
horizonte (m)	ορίζοντας (αρ.)	[orízondas]
ar (m)	αέρας (αρ.)	[aéras]

farol (m)	φάρος (αρ.)	[fáros]
mergulhar (vi)	βουτάω	[vutáo]
afundar-se (vr)	βυθίζομαι	[viθízome]
tesouros (m pl)	θησαυροί (αρ.πλ.)	[θisavrí]

126. Nomes de Mares e Oceanos

Oceano (m) Atlântico	Ατλαντικός Ωκεανός (αρ.)	[atlʲandikós okeanós]
Oceano (m) Índico	Ινδικός Ωκεανός (αρ.)	[inðikós okeanós]
Oceano (m) Pacífico	Ειρηνικός Ωκεανός (αρ.)	[irinikós okeanós]
Oceano (m) Ártico	Αρκτικός Ωκεανός (αρ.)	[arktikós okeanós]

Mar (m) Negro	Μαύρη Θάλασσα (θηλ.)	[mávri θálʲasa]
Mar (m) Vermelho	Ερυθρά Θάλασσα (θηλ.)	[eriθrá θálʲasa]
Mar (m) Amarelo	Κίτρινη Θάλασσα (θηλ.)	[kítrini θálʲasa]
Mar (m) Branco	Λευκή Θάλασσα (θηλ.)	[lefkí θálʲasa]

Mar (m) Cáspio	Κασπία Θάλασσα (θηλ.)	[kaspía θálʲasa]
Mar (m) Morto	Νεκρά Θάλασσα (θηλ.)	[nekrá θálʲasa]
Mar (m) Mediterrâneo	Μεσόγειος Θάλασσα (θηλ.)	[mesójios θálʲasa]

Mar (m) Egeu	Αιγαίο (ουδ.)	[ejéo]
Mar (m) Adriático	Αδριατική (θηλ.)	[aðriatikí]

Mar (m) Arábico	Αραβική Θάλασσα (θηλ.)	[aravikí θálʲasa]
Mar (m) do Japão	Ιαπωνική Θάλασσα (θηλ.)	[japonikí θálʲasa]
Mar (m) de Bering	Βερίγγειος Θάλασσα (θηλ.)	[veríngios θálʲasa]

Mar (m) da China Meridional	Νότια Κινέζικη Θάλασσα (θηλ.)	[nótia kinéziki θál'asa]
Mar (m) de Coral	Θάλασσα των Κοραλλίων (θηλ.)	[θál'asa tonkoralíon]
Mar (m) de Tasman	Θάλασσα της Τασμανίας (θηλ.)	[θál'asa tis tazmanías]
Mar (m) do Caribe	Καραϊβική θάλασσα (θηλ.)	[karaivikí θál'asa]

| Mar (m) de Barents | Θάλασσα Μπάρεντς (θηλ.) | [θal'asa bárents] |
| Mar (m) de Kara | Θάλασσα του Κάρα (θηλ.) | [θal'asa tu kára] |

Mar (m) do Norte	Βόρεια Θάλασσα (θηλ.)	[vória θál'asa]
Mar (m) Báltico	Βαλτική Θάλασσα (θηλ.)	[val'tikí θál'asa]
Mar (m) da Noruega	Νορβηγική Θάλασσα (θηλ.)	[norvij̇ikí θál'asa]

127. Montanhas

montanha (f)	βουνό (ουδ.)	[vunó]
cordilheira (f)	οροσειρά (θηλ.)	[orosirá]
serra (f)	κορυφογραμμή (θηλ.)	[korifoɣramí]

cume (m)	κορυφή (θηλ.)	[korifí]
pico (m)	κορυφή (θηλ.)	[korifí]
pé (m)	πρόποδες (αρ.πλ.)	[própoðes]
declive (m)	πλαγιά (θηλ.)	[pl'ajá]

vulcão (m)	ηφαίστειο (ουδ.)	[iféstio]
vulcão (m) ativo	ενεργό ηφαίστειο (ουδ.)	[eneryó iféstio]
vulcão (m) extinto	σβησμένο ηφαίστειο (ουδ.)	[svizméno iféstio]

erupção (f)	έκρηξη (θηλ.)	[ékriksi]
cratera (f)	κρατήρας (αρ.)	[kratíras]
magma (m)	μάγμα (ουδ.)	[máɣma]
lava (f)	λάβα (θηλ.)	[l'áva]
fundido (lava ~a)	πυρακτωμένος	[piraktoménos]

cânion, desfiladeiro (m)	φαράγγι (ουδ.)	[farángi]
garganta (f)	φαράγγι (ουδ.)	[farángi]
fenda (f)	ρωγμή (θηλ.)	[roɣmí]

passo, colo (m)	διάσελο (ουδ.)	[ðiásel'o]
planalto (m)	οροπέδιο (ουδ.)	[oropéðio]
falésia (f)	γκρεμός (αρ.)	[gremós]
colina (f)	λόφος (αρ.)	[l'ófos]

geleira (f)	παγετώνας (αρ.)	[pajetónas]
cachoeira (f)	καταρράκτης (αρ.)	[kataráktis]
gêiser (m)	θερμοπίδακας (αρ.)	[θermopíðakas]
lago (m)	λίμνη (θηλ.)	[límni]

planície (f)	πεδιάδα (θηλ.)	[peðiáða]
paisagem (f)	τοπίο (ουδ.)	[topío]
eco (m)	ηχώ (θηλ.)	[ixó]

alpinista (m)	ορειβάτης (αρ.)	[orivátis]
escalador (m)	ορειβάτης (αρ.)	[orivátis]
conquistar (vt)	κατακτώ	[kataktó]
subida, escalada (f)	ανάβαση (θηλ.)	[anávasi]

128. Nomes de montanhas

Alpes (m pl)	Άλπεις (θηλ.πλ.)	[álʲpis]
Monte Branco (m)	Λευκό Όρος (ουδ.)	[lefkó oros]
Pirineus (m pl)	Πυρηναία (ουδ.πλ.)	[pirinéa]
Cárpatos (m pl)	Καρπάθια Όρη (ουδ.πλ.)	[karpáθxa óri]
Urais (m pl)	Ουράλια (ουδ.πλ.)	[urália]
Cáucaso (m)	Καύκασος (αρ.)	[káfkasos]
Elbrus (m)	Ελμπρούς (ουδ.)	[elʲbrús]
Altai (m)	όρη Αλτάι (ουδ.πλ.)	[óri alʲtáj]
Pamir (m)	Παμίρ (ουδ.)	[pamír]
Himalaia (m)	Ιμαλάια (ουδ.πλ.)	[imalʲája]
monte Everest (m)	Έβερεστ (ουδ.)	[éverest]
Cordilheira (f) dos Andes	Άνδεις (θηλ.πλ.)	[ánðis]
Kilimanjaro (m)	Κιλιμαντζάρο (ουδ.)	[kilimandzáro]

129. Rios

rio (m)	ποταμός (αρ.)	[potamós]
fonte, nascente (f)	πηγή (θηλ.)	[piʝí]
leito (m) de rio	κοίτη (θηλ.)	[kíti]
bacia (f)	λεκάνη (θηλ.)	[lekáni]
desaguar no ...	εκβάλλω στο ...	[ekválʲo sto]
afluente (m)	παραπόταμος (αρ.)	[parapótamos]
margem (do rio)	ακτή (θηλ.)	[aktí]
corrente (f)	ρεύμα (ουδ.)	[révma]
rio abaixo	στη φορά του ρεύματος	[sti forá tu révmatos]
rio acima	κόντρα στο ρεύμα	[kóndra sto révma]
inundação (f)	πλημμύρα (θηλ.)	[plimíra]
cheia (f)	ξεχείλισμα (ουδ.)	[ksexílizma]
transbordar (vi)	πλημμυρίζω	[plimirízo]
inundar (vt)	πλημμυρίζω	[plimirízo]
banco (m) de areia	ρηχά (ουδ.πλ.)	[rixá]
corredeira (f)	ορμητικό ρεύμα (ουδ.)	[ormitikó révma]
barragem (f)	φράγμα (ουδ.)	[fráγma]
canal (m)	κανάλι (ουδ.)	[kanáli]
reservatório (m) de água	ταμιευτήρας (αρ.)	[tamieftíras]
eclusa (f)	θυρόφραγμα (ουδ.)	[θiRófraγma]
corpo (m) de água	νερόλακκος (αρ.)	[neRólʲakos]

pântano (m)	έλος (ουδ.)	[élⁱos]
lamaçal (m)	βάλτος (αρ.)	[válⁱtos]
redemoinho (m)	δίνη (θηλ.)	[ðíni]

riacho (m)	ρυάκι (ουδ.)	[riáki]
potável (adj)	πόσιμο	[pósimo]
doce (água)	γλυκό	[ɣlikó]

gelo (m)	πάγος (αρ.)	[páɣos]
congelar-se (vr)	παγώνω	[paɣóno]

130. Nomes de rios

rio Sena (m)	Σηκουάνας (αρ.)	[sikuánas]
rio Loire (m)	Λίγηρας (αρ.)	[líǰiras]

rio Tâmisa (m)	Τάμεσης (αρ.)	[támesis]
rio Reno (m)	Ρήνος (αρ.)	[rínos]
rio Danúbio (m)	Δούναβης (αρ.)	[ðúnavis]

rio Volga (m)	Βόλγας (αρ.)	[vólⁱɣas]
rio Don (m)	Ντον (αρ.)	[don]
rio Lena (m)	Λένας (αρ.)	[lénas]

rio Amarelo (m)	Κίτρινος Ποταμός (αρ.)	[kítrinos potamós]
rio Yangtzé (m)	Γιανγκτσέ (αρ.)	[ǰangtsé]
rio Mekong (m)	Μεκόνγκ (αρ.)	[mekóng]
rio Ganges (m)	Γάγγης (αρ.)	[ɣángis]

rio Nilo (m)	Νείλος (αρ.)	[nílⁱos]
rio Congo (m)	Κονγκό (αρ.)	[kongó]
rio Cubango (m)	Οκαβάνγκο (αρ.)	[okavángo]
rio Zambeze (m)	Ζαμβέζης (αρ.)	[zamvézis]
rio Limpopo (m)	Λιμπόπο (αρ.)	[limbópo]
rio Mississippi (m)	Μισισιπής (αρ.)	[misisipís]

131. Floresta

floresta (f), bosque (m)	δάσος (ουδ.)	[ðásos]
florestal (adj)	του δάσους	[tu ðásus]

mata (f) fechada	πυκνό δάσος (ουδ.)	[piknó ðásos]
arvoredo (m)	άλσος (ουδ.)	[álⁱsos]
clareira (f)	ξέφωτο (ουδ.)	[kséfoto]

matagal (m)	λόχμη (θηλ.)	[lⁱóxmi]
mato (m), caatinga (f)	θαμνότοπος (αρ.)	[θamnótopos]

pequena trilha (f)	μονοπάτι (ουδ.)	[monopáti]
ravina (f)	χαράδρα (θηλ.)	[xaráðra]
árvore (f)	δέντρο (ουδ.)	[ðéndro]
folha (f)	φύλλο (ουδ.)	[fílⁱo]

folhagem (f)	φύλλωμα (ουδ.)	[fíl'oma]
queda (f) das folhas	φυλλοβολία (θηλ.)	[fil'ovolía]
cair (vi)	πέφτω	[péfto]
topo (m)	κορυφή (θηλ.)	[korifí]

ramo (m)	κλαδί (ουδ.)	[klaðí]
galho (m)	μεγάλο κλαδί (ουδ.)	[meγál'o kl'aðí]
botão (m)	μπουμπούκι (ουδ.)	[bubúki]
agulha (f)	βελόνα (θηλ.)	[vel'óna]
pinha (f)	κουκουνάρι (ουδ.)	[kukunári]

buraco (m) de árvore	φωλιά στο δέντρο (θηλ.)	[foliá sto ðéndro]
ninho (m)	φωλιά (θηλ.)	[foliá]
toca (f)	φωλιά (θηλ.), λαγούμι (ουδ.)	[foliá], [l'aγúmi]

tronco (m)	κορμός (αρ.)	[kormós]
raiz (f)	ρίζα (θηλ.)	[ríza]
casca (f) de árvore	φλοιός (αρ.)	[fliós]
musgo (m)	βρύο (ουδ.)	[vrío]

arrancar pela raiz	ξεριζώνω	[kserizóno]
cortar (vt)	κόβω	[kóvo]
desflorestar (vt)	αποψιλώνω	[apopsil'óno]
toco, cepo (m)	κομμένος κορμός (αρ.)	[koménos kormós]

fogueira (f)	φωτιά (θηλ.)	[fotiá]
incêndio (m) florestal	πυρκαγιά (θηλ.)	[pirkajá]
apagar (vt)	σβήνω	[zvíno]

guarda-parque (m)	δασοφύλακας (αρ.)	[ðasofíl'akas]
proteção (f)	προστασία (θηλ.)	[prostasía]
proteger (a natureza)	προστατεύω	[prostatévo]
caçador (m) furtivo	λαθροθήρας (αρ.)	[l'aθroθíras]
armadilha (f)	δόκανο (ουδ.)	[ðókano]

colher (cogumelos, bagas)	μαζεύω	[mazévo]
perder-se (vr)	χάνομαι	[xánome]

132. Recursos naturais

recursos (m pl) naturais	φυσικοί πόροι (αρ.πλ.)	[fisikí póri]
minerais (m pl)	ορυκτά (ουδ.πλ.)	[oriktá]
depósitos (m pl)	κοιτάσματα (ουδ.πλ.)	[kitázmata]
jazida (f)	κοίτασμα (ουδ.)	[kítazma]

extrair (vt)	εξορύσσω	[eksoríso]
extração (f)	εξόρυξη (θηλ.)	[eksóriksi]
minério (m)	μετάλλευμα (ουδ.)	[metálevma]
mina (f)	μεταλλείο, ορυχείο (ουδ.)	[metalío], [orixío]
poço (m) de mina	φρεάτιο ορυχείου (ουδ.)	[freátio orixíu]
mineiro (m)	ανθρακωρύχος (αρ.)	[anθrakoríxos]

gás (m)	αέριο (ουδ.)	[aério]
gasoduto (m)	αγωγός αερίου (αρ.)	[aγoγós aeríu]

petróleo (m)	πετρέλαιο (ουδ.)	[petréleo]
oleoduto (m)	πετρελαιαγωγός (αρ.)	[petreleaγoγós]
poço (m) de petróleo	πετρελαιοπηγή (θηλ.)	[petreleopiɟí]
torre (f) petrolífera	πύργος διατρήσεων (αρ.)	[pírγos ðiatríseon]
petroleiro (m)	τάνκερ (ουδ.)	[tánker]

areia (f)	άμμος (θηλ.)	[ámos]
calcário (m)	ασβεστόλιθος (αρ.)	[asvestóliθos]
cascalho (m)	χαλίκι (ουδ.)	[xalíki]
turfa (f)	τύρφη (θηλ.)	[tírfi]
argila (f)	πηλός (αρ.)	[piʲós]
carvão (m)	γαιάνθρακας (αρ.)	[γeánθrakas]

ferro (m)	σιδηρομετάλλευμα (ουδ.)	[siðirometálevma]
ouro (m)	χρυσάφι (ουδ.)	[xrisáfi]
prata (f)	ασήμι (ουδ.)	[asími]
níquel (m)	νικέλιο (ουδ.)	[nikélio]
cobre (m)	χαλκός (αρ.)	[xaʲkós]

zinco (m)	ψευδάργυρος (αρ.)	[psevðárɟiros]
manganês (m)	μαγγάνιο (ουδ.)	[mangánio]
mercúrio (m)	υδράργυρος (αρ.)	[iðrárɟiros]
chumbo (m)	μόλυβδος (αρ.)	[mólivðos]

mineral (m)	ορυκτό (ουδ.)	[oriktó]
cristal (m)	κρύσταλλος (αρ.)	[krístaʲos]
mármore (m)	μάρμαρο (ουδ.)	[mármaro]
urânio (m)	ουράνιο (ουδ.)	[uránio]

A Terra. Parte 2

133. Tempo

tempo (m)	καιρός (αρ.)	[kerós]
previsão (f) do tempo	πρόγνωση καιρού (θηλ.)	[próγnosi kerú]
temperatura (f)	θερμοκρασία (θηλ.)	[θermokrasía]
termômetro (m)	θερμόμετρο (ουδ.)	[θermómetro]
barômetro (m)	βαρόμετρο (ουδ.)	[varómetro]
umidade (f)	υγρασία (θηλ.)	[iγrasía]
calor (m)	ζέστη (θηλ.)	[zésti]
tórrido (adj)	ζεστός, καυτός	[zestós], [kaftós]
está muito calor	κάνει ζέστη	[káni zésti]
está calor	κάνει ζέστη	[káni zésti]
quente (morno)	ζεστός	[zestós]
está frio	κάνει κρύο	[káni krío]
frio (adj)	κρύος	[kríos]
sol (m)	ήλιος (αρ.)	[ílios]
brilhar (vi)	λάμπω	[ˈλámbo]
de sol, ensolarado	ηλιόλουστος	[iliólʲustos]
nascer (vi)	ανατέλλω	[anatélʲo]
pôr-se (vr)	δύω	[ðío]
nuvem (f)	σύννεφο (ουδ.)	[sínefo]
nublado (adj)	συννεφιασμένος	[sinefiazménos]
nuvem (f) preta	μαύρο σύννεφο (ουδ.)	[mávro sínefo]
escuro, cinzento (adj)	συννεφιασμένος	[sinefiazménos]
chuva (f)	βροχή (θηλ.)	[vroxí]
está a chover	βρέχει	[vréxi]
chuvoso (adj)	βροχερός	[vroxerós]
chuviscar (vi)	ψιχαλίζει	[psixalízi]
chuva (f) torrencial	δυνατή βροχή (θηλ.)	[ðinatí vroxí]
aguaceiro (m)	νεροποντή (θηλ.)	[neropondí]
forte (chuva, etc.)	δυνατός	[ðinatós]
poça (f)	λακκούβα (θηλ.)	[ˈλakúva]
molhar-se (vr)	βρέχομαι	[vréxome]
nevoeiro (m)	ομίχλη (θηλ.)	[omíxli]
de nevoeiro	ομιχλώδης	[omixlʲóðis]
neve (f)	χιόνι (ουδ.)	[xóni]
está nevando	χιονίζει	[xonízi]

134. Tempo extremo. Catástrofes naturais

trovoada (f)	καταιγίδα (θηλ.)	[katejíða]
relâmpago (m)	αστραπή (θηλ.)	[astrapí]
relampejar (vi)	αστράπτω	[astrápto]
trovão (m)	βροντή (θηλ.)	[vrondí]
trovejar (vi)	βροντάω	[vrondáo]
está trovejando	βροντάει	[vrondái]
granizo (m)	χαλάζι (ουδ.)	[xalʲázi]
está caindo granizo	ρίχνει χαλάζι	[ríxni xalʲázi]
inundar (vt)	πλημμυρίζω	[plimirízo]
inundação (f)	πλημμύρα (θηλ.)	[plimíra]
terremoto (m)	σεισμός (αρ.)	[sizmós]
abalo, tremor (m)	δόνηση (θηλ.)	[ðónisi]
epicentro (m)	επίκεντρο (ουδ.)	[epíkendro]
erupção (f)	έκρηξη (θηλ.)	[ékriksi]
lava (f)	λάβα (θηλ.)	[lʲáva]
tornado (m)	ανεμοστρόβιλος (αρ.)	[anemostróvilʲos]
tornado (m)	σίφουνας (αρ.)	[sífunas]
tufão (m)	τυφώνας (αρ.)	[tifónas]
furacão (m)	τυφώνας (αρ.)	[tifónas]
tempestade (f)	καταιγίδα (θηλ.)	[katejíða]
tsunami (m)	τσουνάμι (ουδ.)	[tsunámi]
ciclone (m)	κυκλώνας (αρ.)	[kiklʲónas]
mau tempo (m)	κακοκαιρία (θηλ.)	[kakokería]
incêndio (m)	φωτιά, πυρκαγιά (θηλ.)	[fotiá], [pirkajá]
catástrofe (f)	καταστροφή (θηλ.)	[katastrofí]
meteorito (m)	μετεωρίτης (αρ.)	[meteorítis]
avalanche (f)	χιονοστιβάδα (θηλ.)	[xonostiváða]
deslizamento (m) de neve	χιονοστιβάδα (θηλ.)	[xonostiváða]
nevasca (f)	χιονοθύελλα (θηλ.)	[xonoθíelʲa]
tempestade (f) de neve	χιονοθύελλα (θηλ.)	[xonoθíelʲa]

Fauna

135. Mamíferos. Predadores

predador (m)	θηρευτής (ουδ.)	[θireftís]
tigre (m)	τίγρη (θηλ.), τίγρης (αρ.)	[tíγri], [tíγris]
leão (m)	λιοντάρι (ουδ.)	[liondári]
lobo (m)	λύκος (αρ.)	[líkos]
raposa (f)	αλεπού (θηλ.)	[alepú]

jaguar (m)	ιαγουάρος (αρ.)	[jaγuáros]
leopardo (m)	λεοπάρδαλη (θηλ.)	[leopárðali]
chita (f)	γατόπαρδος (αρ.)	[γatóparðos]

pantera (f)	πάνθηρας (αρ.)	[pánθiras]
puma (m)	πούμα (ουδ.)	[púma]
leopardo-das-neves (m)	λεοπάρδαλη (θηλ.) των χιόνων	[leopárðali ton xiónon]
lince (m)	λύγκας (αρ.)	[língas]

coiote (m)	κογιότ (ουδ.)	[koȷiót]
chacal (m)	τσακάλι (ουδ.)	[tsakáli]
hiena (f)	ύαινα (θηλ.)	[íena]

136. Animais selvagens

animal (m)	ζώο (ουδ.)	[zóo]
besta (f)	θηρίο (ουδ.)	[θirío]

esquilo (m)	σκίουρος (αρ.)	[skíuros]
ouriço (m)	σκαντζόχοιρος (αρ.)	[skandzóxiros]
lebre (f)	λαγός (αρ.)	[lʲaγós]
coelho (m)	κουνέλι (ουδ.)	[kunéli]

texugo (m)	ασβός (αρ.)	[azvós]
guaxinim (m)	ρακούν (ουδ.)	[rakún]
hamster (m)	χάμστερ (ουδ.)	[xámster]
marmota (f)	μυωξός (αρ.)	[mioksós]

toupeira (f)	τυφλοπόντικας (αρ.)	[tiflʲopóndikas]
rato (m)	ποντίκι (ουδ.)	[pondíki]
ratazana (f)	αρουραίος (αρ.)	[aruréos]
morcego (m)	νυχτερίδα (θηλ.)	[nixteríða]

arminho (m)	ερμίνα (θηλ.)	[ermína]
zibelina (f)	σαμούρι (ουδ.)	[samúri]
marta (f)	κουνάβι (ουδ.)	[kunávi]
doninha (f)	νυφίτσα (θηλ.)	[nifítsa]

visom (m)	βιζόν (ουδ.)	[vizón]
castor (m)	κάστορας (αρ.)	[kástoras]
lontra (f)	ενυδρίδα (θηλ.)	[eniðríða]

cavalo (m)	άλογο (ουδ.)	[álˡoγo]
alce (m)	άλκη (θηλ.)	[álˡki]
veado (m)	ελάφι (ουδ.)	[elˡáfi]
camelo (m)	καμήλα (θηλ.)	[kamílˡa]

bisão (m)	βίσονας (αρ.)	[vísonas]
auroque (m)	βόνασος (αρ.)	[vónasos]
búfalo (m)	βούβαλος (αρ.)	[vúvalˡos]

zebra (f)	ζέβρα (θηλ.)	[zévra]
antílope (m)	αντιλόπη (θηλ.)	[andilˡópi]
corça (f)	ζαρκάδι (ουδ.)	[zarkáði]
gamo (m)	ντάμα ντάμα (ουδ.)	[dáma dáma]
camurça (f)	αγριόγιδο (ουδ.)	[aγrióγiðo]
javali (m)	αγριογούρουνο (αρ.)	[aγrioγúruno]

baleia (f)	φάλαινα (θηλ.)	[fálena]
foca (f)	φώκια (θηλ.)	[fókia]
morsa (f)	θαλάσσιος ίππος (αρ.)	[θalˡásios ípos]
urso-marinho (m)	γουνοφόρα φώκια (θηλ.)	[γunofóra fóka]
golfinho (m)	δελφίνι (ουδ.)	[ðelˡfíni]

urso (m)	αρκούδα (θηλ.)	[arkúða]
urso (m) polar	πολική αρκούδα (θηλ.)	[polikí arkúða]
panda (m)	πάντα (ουδ.)	[pánda]

macaco (m)	μαϊμού (θηλ.)	[majmú]
chimpanzé (m)	χιμπαντζής (ουδ.)	[xibadzís]
orangotango (m)	ουραγκοτάγκος (αρ.)	[urangotángos]
gorila (m)	γορίλας (αρ.)	[γorílˡas]
macaco (m)	μακάκας (αρ.)	[makákas]
gibão (m)	γίββωνας (αρ.)	[jívonas]

elefante (m)	ελέφαντας (αρ.)	[eléfandas]
rinoceronte (m)	ρινόκερος (αρ.)	[rinókeros]
girafa (f)	καμηλοπάρδαλη (θηλ.)	[kamilˡopárðali]
hipopótamo (m)	ιπποπόταμος (αρ.)	[ipopótamos]

canguru (m)	καγκουρό (ουδ.)	[kanguró]
coala (m)	κοάλα (ουδ.)	[koálˡa]

mangusto (m)	μαγκούστα (θηλ.)	[mangústa]
chinchila (f)	τσιντσιλά (ουδ.)	[tsintsilˡá]
cangambá (f)	μεφίτιδα (θηλ.)	[mefítiða]
porco-espinho (m)	ακανθόχοιρος (αρ.)	[akanθóxiros]

137. Animais domésticos

gata (f)	γάτα (θηλ.)	[γáta]
gato (m) macho	γάτος (αρ.)	[γátos]

cão (m)	σκύλος (αρ.)	[skílios]
cavalo (m)	άλογο (ουδ.)	[álioγo]
garanhão (m)	επιβήτορας (αρ.)	[epivítoras]
égua (f)	φοράδα (θηλ.)	[foráða]

vaca (f)	αγελάδα (θηλ.)	[ajeliáða]
touro (m)	ταύρος (αρ.)	[távros]
boi (m)	βόδι (ουδ.)	[vóði]

ovelha (f)	πρόβατο (ουδ.)	[próvato]
carneiro (m)	κριάρι (ουδ.)	[kriári]
cabra (f)	κατσίκα, γίδα (θηλ.)	[katsíka], [jíða]
bode (m)	τράγος (αρ.)	[tráγos]

| burro (m) | γάιδαρος (αρ.) | [γáiðaros] |
| mula (f) | μουλάρι (ουδ.) | [muliári] |

porco (m)	γουρούνι (ουδ.)	[γurúni]
leitão (m)	γουρουνάκι (ουδ.)	[γurunáki]
coelho (m)	κουνέλι (ουδ.)	[kunéli]

| galinha (f) | κότα (θηλ.) | [kóta] |
| galo (m) | πετεινός, κόκορας (αρ.) | [petinós], [kókoras] |

pata (f), pato (m)	πάπια (θηλ.)	[pápia]
pato (m)	αρσενική πάπια (θηλ.)	[arsenikí pápia]
ganso (m)	χήνα (θηλ.)	[xína]

| peru (m) | γάλος (αρ.) | [γálios] |
| perua (f) | γαλοπούλα (θηλ.) | [γaliopúlia] |

animais (m pl) domésticos	κατοικίδια (ουδ.πλ.)	[katikíðia]
domesticado (adj)	κατοικίδιος	[katikíðios]
domesticar (vt)	δαμάζω	[ðamázo]
criar (vt)	εκτρέφω	[ektréfo]

fazenda (f)	αγρόκτημα (ουδ.)	[aγróktima]
aves (f pl) domésticas	πουλερικό (ουδ.)	[pulerikó]
gado (m)	βοοειδή (ουδ.πλ.)	[vooiðí]
rebanho (m), manada (f)	κοπάδι (ουδ.)	[kopáði]

estábulo (m)	στάβλος (αρ.)	[stávlios]
chiqueiro (m)	χοιροστάσιο (ουδ.)	[xirostásio]
estábulo (m)	βουστάσιο (ουδ.)	[vustásio]
coelheira (f)	κλουβί κουνελιού (ουδ.)	[kliuví kuneliú]
galinheiro (m)	κοτέτσι (ουδ.)	[kotétsi]

138. Pássaros

pássaro (m), ave (f)	πουλί (ουδ.)	[pulí]
pombo (m)	περιστέρι (ουδ.)	[peristéri]
pardal (m)	σπουργίτι (ουδ.)	[spurjíti]
chapim-real (m)	καλόγερος (αρ.)	[kaliójeros]
pega-rabuda (f)	καρακάξα (θηλ.)	[karakáksa]

corvo (m)	κόρακας (αρ.)	[kórakas]
gralha-cinzenta (f)	κουρούνα (θηλ.)	[kurúna]
gralha-de-nuca-cinzenta (f)	κάργα (θηλ.)	[kárɣa]
gralha-calva (f)	χαβαρόνι (ουδ.)	[xavaróni]

pato (m)	πάπια (θηλ.)	[pápia]
ganso (m)	χήνα (θηλ.)	[xína]
faisão (m)	φασιανός (αρ.)	[fasianós]

águia (f)	αετός (αρ.)	[aetós]
açor (m)	γεράκι (ουδ.)	[jeráki]
falcão (m)	γεράκι (ουδ.)	[jeráki]
abutre (m)	γύπας (αρ.)	[jípas]
condor (m)	κόνδορας (αρ.)	[kónðoras]

cisne (m)	κύκνος (αρ.)	[kíknos]
grou (m)	γερανός (αρ.)	[jeranós]
cegonha (f)	πελαργός (αρ.)	[pelʲarɣós]

papagaio (m)	παπαγάλος (αρ.)	[papaɣálʲos]
beija-flor (m)	κολιμπρί (ουδ.)	[kolibrí]
pavão (m)	παγόνι (ουδ.)	[paɣóni]

avestruz (m)	στρουθοκάμηλος (αρ.)	[struθokámilʲos]
garça (f)	τσικνιάς (αρ.)	[tsikniás]
flamingo (m)	φλαμίγκο (ουδ.)	[flʲamíngo]
pelicano (m)	πελεκάνος (αρ.)	[pelekános]

rouxinol (m)	αηδόνι (ουδ.)	[aiðóni]
andorinha (f)	χελιδόνι (ουδ.)	[xeliðóni]

tordo-zornal (m)	τσίχλα (θηλ.)	[tsíxlʲa]
tordo-músico (m)	κελαηδότσιχλα (θηλ.)	[kelaiðótsixlʲa]
melro-preto (m)	κοτσύφι (ουδ.)	[kotsífi]

andorinhão (m)	σταχτάρα (θηλ.)	[staxtára]
cotovia (f)	κορυδαλλός (αρ.)	[koriðalʲós]
codorna (f)	ορτύκι (ουδ.)	[ortíki]

pica-pau (m)	δρυοκολάπτης (αρ.)	[ðriokolʲáptis]
cuco (m)	κούκος (αρ.)	[kúkos]
coruja (f)	κουκουβάγια (θηλ.)	[kukuvája]
bufo-real (m)	μπούφος (αρ.)	[búfos]
tetraz-grande (m)	αγριόκουρκος (αρ.)	[aɣriókurkos]
tetraz-lira (m)	λυροπετεινός (αρ.)	[liropetinós]
perdiz-cinzenta (f)	πέρδικα (θηλ.)	[pérðika]

estorninho (m)	ψαρόνι (ουδ.)	[psaróni]
canário (m)	καναρίνι (ουδ.)	[kanaríni]
galinha-do-mato (f)	αγριόκοτα (θηλ.)	[aɣriókota]
tentilhão (m)	σπίνος (αρ.)	[spínos]
dom-fafe (m)	πύρρουλα (αρ.)	[pírulʲa]

gaivota (f)	γλάρος (αρ.)	[ɣlʲáros]
albatroz (m)	άλμπατρος (ουδ.)	[álʲbatros]
pinguim (m)	πιγκουίνος (αρ.)	[pinguínos]

139. Peixes. Animais marinhos

brema (f)	αβραμίδα (θηλ.)	[avramíða]
carpa (f)	κυπρίνος (αρ.)	[kiprínos]
perca (f)	πέρκα (θηλ.)	[pérka]
siluro (m)	γουλιανός (αρ.)	[ɣulianós]
lúcio (m)	λούτσος (αρ.)	[lʲútsos]

salmão (m)	σολομός (αρ.)	[solʲomós]
esturjão (m)	οξύρυγχος (αρ.)	[oksírinxos]

arenque (m)	ρέγγα (θηλ.)	[rénga]
salmão (m) do Atlântico	σολομός του Ατλαντικού (αρ.)	[solʲomós tu atlʲandikú]
cavala, sarda (f)	σκουμπρί (ουδ.)	[skumbrí]
solha (f), linguado (m)	πλατύψαρο (ουδ.)	[plʲatípsaro]

lúcio perca (m)	ποταμολάβρακο (ουδ.)	[potamolʲávrako]
bacalhau (m)	μπακαλιάρος (αρ.)	[bakaliáros]
atum (m)	τόνος (αρ.)	[tónos]
truta (f)	πέστροφα (θηλ.)	[péstrofa]

enguia (f)	χέλι (ουδ.)	[xéli]
raia (f) elétrica	μουδιάστρα (θηλ.)	[muðiástra]
moreia (f)	σμέρνα (θηλ.)	[zmérna]
piranha (f)	πιράνχας (ουδ.)	[piránxas]

tubarão (m)	καρχαρίας (αρ.)	[karxarías]
golfinho (m)	δελφίνι (ουδ.)	[ðelʲfíni]
baleia (f)	φάλαινα (θηλ.)	[fálena]

caranguejo (m)	καβούρι (ουδ.)	[kavúri]
água-viva (f)	μέδουσα (θηλ.)	[méðusa]
polvo (m)	χταπόδι (ουδ.)	[xtapóði]

estrela-do-mar (f)	αστερίας (αρ.)	[asterías]
ouriço-do-mar (m)	αχινός (αρ.)	[axinós]
cavalo-marinho (m)	ιππόκαμπος (αρ.)	[ipókambos]

ostra (f)	στρείδι (ουδ.)	[stríði]
camarão (m)	γαρίδα (θηλ.)	[ɣaríða]
lagosta (f)	αστακός (αρ.)	[astakós]
lagosta (f)	ακανθωτός αστακός (αρ.)	[akanθotós astakós]

140. Anfíbios. Répteis

cobra (f)	φίδι (ουδ.)	[fíði]
venenoso (adj)	δηλητηριώδης	[ðilitirióðis]

víbora (f)	οχιά (θηλ.)	[oxiá]
naja (f)	κόμπρα (θηλ.)	[kóbra]
píton (m)	πύθωνας (αρ.)	[píθonas]
jiboia (f)	βόας (αρ.)	[vóas]

cobra-de-água (f)	νερόφιδο (ουδ.)	[nerófiðo]
cascavel (f)	κροταλίας (αρ.)	[krotalías]
anaconda (f)	ανακόντα (θηλ.)	[anakónda]

lagarto (m)	σαύρα (θηλ.)	[sávra]
iguana (f)	ιγκουάνα (θηλ.)	[iguána]
varano (m)	βαράνος (αρ.)	[varános]
salamandra (f)	σαλαμάντρα (θηλ.)	[salʲamándra]
camaleão (m)	χαμαιλέοντας (αρ.)	[xameléondas]
escorpião (m)	σκορπιός (αρ.)	[skorpiós]

tartaruga (f)	χελώνα (θηλ.)	[xelʲóna]
rã (f)	βάτραχος (αρ.)	[vátraxos]
sapo (m)	φρύνος (αρ.)	[frínos]
crocodilo (m)	κροκόδειλος (αρ.)	[krokóðilʲos]

141. Insetos

inseto (m)	έντομο (ουδ.)	[éndomo]
borboleta (f)	πεταλούδα (θηλ.)	[petalʲúða]
formiga (f)	μυρμήγκι (ουδ.)	[mirmíngi]
mosca (f)	μύγα (θηλ.)	[míɣa]
mosquito (m)	κουνούπι (ουδ.)	[kunúpi]
escaravelho (m)	σκαθάρι (ουδ.)	[skaθári]

vespa (f)	σφήκα (θηλ.)	[sfíka]
abelha (f)	μέλισσα (θηλ.)	[mélisa]
mamangaba (f)	βομβίνος (αρ.)	[vomvínos]
moscardo (m)	οίστρος (αρ.)	[ístros]

aranha (f)	αράχνη (θηλ.)	[aráxni]
teia (f) de aranha	ιστός αράχνης (αρ.)	[istós aráxnis]

libélula (f)	λιβελούλα (θηλ.)	[livelʲúlʲa]
gafanhoto (m)	ακρίδα (θηλ.)	[akríða]
traça (f)	νυχτοπεταλούδα (θηλ.)	[nixtopetalʲúða]

barata (f)	κατσαρίδα (θηλ.)	[katsaríða]
carrapato (m)	ακάρι (ουδ.)	[akári]
pulga (f)	ψύλλος (αρ.)	[psílʲos]
borrachudo (m)	μυγάκι (ουδ.)	[miɣáki]

gafanhoto (m)	ακρίδα (θηλ.)	[akríða]
caracol (m)	σαλιγκάρι (ουδ.)	[salingári]
grilo (m)	γρύλος (αρ.)	[ɣrílʲos]
pirilampo, vaga-lume (m)	πυγολαμπίδα (θηλ.)	[piɣolʲambíða]

joaninha (f)	πασχαλίτσα (θηλ.)	[pasxalítsa]
besouro (m)	μηλολόνθη (θηλ.)	[milʲolʲónθi]

sanguessuga (f)	βδέλλα (θηλ.)	[vðélʲa]
lagarta (f)	κάμπια (θηλ.)	[kámbia]
minhoca (f)	σκουλήκι (ουδ.)	[skulíki]
larva (f)	σκώληκας (αρ.)	[skólikas]

Flora

142. Árvores

árvore (f)	δέντρο (ουδ.)	[ðéndro]
decídua (adj)	φυλλοβόλος	[filʲovólʲos]
conífera (adj)	κωνοφόρος	[konofóros]
perene (adj)	αειθαλής	[aiθalís]
macieira (f)	μηλιά (θηλ.)	[miliá]
pereira (f)	αχλαδιά (θηλ.)	[axlʲaðiá]
cerejeira (f)	κερασιά (θηλ.)	[kerasiá]
ginjeira (f)	βυσσινιά (θηλ.)	[visiniá]
ameixeira (f)	δαμασκηνιά (θηλ.)	[ðamaskiniá]
bétula (f)	σημύδα (θηλ.)	[simíða]
carvalho (m)	βελανιδιά (θηλ.)	[velʲaniðiá]
tília (f)	φλαμουριά (θηλ.)	[flʲamuriá]
choupo-tremedor (m)	λεύκα (θηλ.)	[léfka]
bordo (m)	σφεντάμι (ουδ.)	[sfendámi]
espruce (m)	έλατο (ουδ.)	[élʲato]
pinheiro (m)	πεύκο (ουδ.)	[péfko]
alerce, lariço (m)	λάριξ (θηλ.)	[lʲáriks]
abeto (m)	ελάτη (θηλ.)	[elʲáti]
cedro (m)	κέδρος (αρ.)	[kéðros]
choupo, álamo (m)	λεύκα (θηλ.)	[léfka]
tramazeira (f)	σουρβιά (θηλ.)	[surviá]
salgueiro (m)	ιτιά (θηλ.)	[itiá]
amieiro (m)	σκλήθρα (θηλ.)	[sklíθra]
faia (f)	οξιά (θηλ.)	[oksiá]
ulmeiro, olmo (m)	φτελιά (θηλ.)	[fteliá]
freixo (m)	μέλεγος (αρ.)	[méleɣos]
castanheiro (m)	καστανιά (θηλ.)	[kastaniá]
magnólia (f)	μανόλια (θηλ.)	[manólia]
palmeira (f)	φοίνικας (αρ.)	[fínikas]
cipreste (m)	κυπαρίσσι (ουδ.)	[kiparísi]
mangue (m)	μανγκρόβιο (ουδ.)	[mangróvio]
embondeiro, baobá (m)	μπάομπαμπ (ουδ.)	[báobab]
eucalipto (m)	ευκάλυπτος (αρ.)	[efkáliptos]
sequoia (f)	σεκόγια (θηλ.)	[sekója]

143. Arbustos

arbusto (m)	θάμνος (αρ.)	[θámnos]
arbusto (m), moita (f)	θάμνος (αρ.)	[θámnos]

videira (f)	αμπέλι (ουδ.)	[ambéli]
vinhedo (m)	αμπέλι (ουδ.)	[ambéli]

framboeseira (f)	σμεουριά (θηλ.)	[zmeuriá]
groselheira-vermelha (f)	κόκκινο φραγκοστάφυλο (ουδ.)	[kókino frangostáfilʲo]
groselheira (f) espinhosa	λαγοκέρασο (ουδ.)	[lʲaγokéraso]

acácia (f)	ακακία (θηλ.)	[akakía]
bérberis (f)	βερβερίδα (θηλ.)	[ververíða]
jasmim (m)	γιασεμί (ουδ.)	[jasemí]

junípero (m)	άρκευθος (θηλ.)	[árkefθos]
roseira (f)	τριανταφυλλιά (θηλ.)	[triandafiliá]
roseira (f) brava	αγριοτριανταφυλλιά (θηλ.)	[aγriotriandafiliá]

144. Frutos. Bagas

maçã (f)	μήλο (ουδ.)	[mílʲo]
pera (f)	αχλάδι (ουδ.)	[axlʲáði]
ameixa (f)	δαμάσκηνο (ουδ.)	[ðamáskino]

morango (m)	φράουλα (θηλ.)	[fráulʲa]
ginja (f)	βύσσινο (ουδ.)	[vísino]
cereja (f)	κεράσι (ουδ.)	[kerási]
uva (f)	σταφύλι (ουδ.)	[stafíli]

framboesa (f)	σμέουρο (ουδ.)	[zméuro]
groselha (f) negra	μαύρο φραγκοστάφυλο (ουδ.)	[mávro frangostáfilʲo]
groselha (f) vermelha	κόκκινο φραγκοστάφυλο (ουδ.)	[kókino frangostáfilʲo]

groselha (f) espinhosa	λαγοκέρασο (ουδ.)	[lʲaγokéraso]
oxicoco (m)	κράνμπερι (ουδ.)	[kránberi]

laranja (f)	πορτοκάλι (ουδ.)	[portokáli]
tangerina (f)	μανταρίνι (ουδ.)	[mandaríni]
abacaxi (m)	ανανάς (αρ.)	[ananás]

banana (f)	μπανάνα (θηλ.)	[banána]
tâmara (f)	χουρμάς (αρ.)	[xurmás]

limão (m)	λεμόνι (ουδ.)	[lemóni]
damasco (m)	βερίκοκο (ουδ.)	[veríkoko]
pêssego (m)	ροδάκινο (ουδ.)	[roðákino]

quiuí (m)	ακτινίδιο (ουδ.)	[aktiníðio]
toranja (f)	γκρέιπφρουτ (ουδ.)	[gréjpfrut]

baga (f)	μούρο (ουδ.)	[múro]
bagas (f pl)	μούρα (ουδ.πλ.)	[múra]
morango-silvestre (m)	χαμοκέρασο (ουδ.)	[kxamokéraso]
mirtilo (m)	μύρτιλλο (ουδ.)	[mírtilʲo]

145. Flores. Plantas

| flor (f) | λουλούδι (ουδ.) | [lʲulʲúði] |
| buquê (m) de flores | ανθοδέσμη (θηλ.) | [anθoðézmi] |

rosa (f)	τριαντάφυλλο (ουδ.)	[triandáfilʲo]
tulipa (f)	τουλίπα (θηλ.)	[tulípa]
cravo (m)	γαρίφαλο (ουδ.)	[ɣarífalʲo]
gladíolo (m)	γλαδιόλα (θηλ.)	[ɣlʲaðiólʲa]

centáurea (f)	κενταύρια (θηλ.)	[kentávria]
campainha (f)	καμπανούλα (θηλ.)	[kampanúlʲa]
dente-de-leão (m)	ταραξάκο (ουδ.)	[taraksáko]
camomila (f)	χαμομήλι (ουδ.)	[xamomíli]

aloé (m)	αλόη (θηλ.)	[alʲói]
cacto (m)	κάκτος (αρ.)	[káktos]
fícus (m)	φίκος (αρ.)	[fíkos]

lírio (m)	κρίνος (αρ.)	[krínos]
gerânio (m)	γεράνι (ουδ.)	[jeráni]
jacinto (m)	υάκινθος (αρ.)	[iákinθos]

mimosa (f)	μιμόζα (θηλ.)	[mimóza]
narciso (m)	νάρκισσος (αρ.)	[nárkisos]
capuchinha (f)	καπουτσίνος (αρ.)	[kaputsínos]

orquídea (f)	ορχιδέα (θηλ.)	[orxiðéa]
peônia (f)	παιώνια (θηλ.)	[peónia]
violeta (f)	μενεξές (αρ.), βιολέτα (θηλ.)	[meneksés], [violéta]

amor-perfeito (m)	βιόλα η τρίχρωμη (θηλ.)	[viólʲa i tríxromi]
não-me-esqueças (m)	μη-με-λησμόνει (ουδ.)	[mi-me-lizmóni]
margarida (f)	μαργαρίτα (θηλ.)	[marɣaríta]

papoula (f)	παπαρούνα (θηλ.)	[paparúna]
cânhamo (m)	κάνναβη (θηλ.)	[kánavi]
hortelã, menta (f)	μέντα (θηλ.)	[ménda]

| lírio-do-vale (m) | μιγκέ (ουδ.) | [mingé] |
| campânula-branca (f) | γάλανθος ο χιονώδης (αρ.) | [ɣálʲanθos oxonóðis] |

urtiga (f)	τσουκνίδα (θηλ.)	[tsukníða]
azedinha (f)	λάπαθο (ουδ.)	[lʲápaθo]
nenúfar (m)	νούφαρο (ουδ.)	[núfaro]
samambaia (f)	φτέρη (θηλ.)	[ftéri]
líquen (m)	λειχήνα (θηλ.)	[lixína]

estufa (f)	θερμοκήπιο (ουδ.)	[θermokípio]
gramado (m)	γκαζόν (ουδ.)	[gazón]
canteiro (m) de flores	παρτέρι (ουδ.)	[partéri]

planta (f)	φυτό (ουδ.)	[fitó]
grama (f)	χορτάρι (ουδ.)	[xortári]
folha (f) de grama	χορταράκι (ουδ.)	[xortaráki]

folha (f)	φύλλο (ουδ.)	[fílio]
pétala (f)	πέταλο (ουδ.)	[pétalio]
talo (m)	βλαστός (αρ.)	[vliastós]
tubérculo (m)	βολβός (αρ.)	[volivós]

| broto, rebento (m) | βλαστάρι (ουδ.) | [vliastári] |
| espinho (m) | αγκάθι (ουδ.) | [angáθi] |

florescer (vi)	ανθίζω	[anθízo]
murchar (vi)	ξεραίνομαι	[kserénome]
cheiro (m)	μυρωδιά (θηλ.)	[miroðiá]
cortar (flores)	κόβω	[kóvo]
colher (uma flor)	μαζεύω	[mazévo]

146. Cereais, grãos

grão (m)	σιτηρά (ουδ.πλ.)	[sitirá]
cereais (plantas)	δημητριακών (ουδ.πλ.)	[ðimitriakón]
espiga (f)	στάχυ (ουδ.)	[stáxi]

trigo (m)	σιτάρι (ουδ.)	[sitári]
centeio (m)	σίκαλη (θηλ.)	[síkali]
aveia (f)	βρώμη (θηλ.)	[vrómi]
painço (m)	κεχρί (ουδ.)	[kexrí]
cevada (f)	κριθάρι (ουδ.)	[kriθári]

milho (m)	καλαμπόκι (ουδ.)	[kaliambóki]
arroz (m)	ρύζι (ουδ.)	[rízi]
trigo-sarraceno (m)	μαυροσίταρο (ουδ.)	[mavrosítaro]

ervilha (f)	αρακάς (αρ.), μπιζελιά (θηλ.)	[arakás], [bizeliá]
feijão (m) roxo	κόκκινο φασόλι (ουδ.)	[kókino fasóli]
soja (f)	σόfor (θηλ.)	[sója]
lentilha (f)	φακή (θηλ.)	[fakí]
feijão (m)	κουκί (ουδ.)	[kukí]

PAÍSES. NACIONALIDADES

147. Europa Ocidental

Europa (f)	Ευρώπη (θηλ.)	[evrópi]
União (f) Europeia	Ευρωπαϊκή Ένωση (θηλ.)	[evropaikí énosi]
Áustria (f)	Αυστρία (θηλ.)	[afstría]
Grã-Bretanha (f)	Μεγάλη Βρετανία (θηλ.)	[meɣáli vretanía]
Inglaterra (f)	Αγγλία (θηλ.)	[anglía]
Bélgica (f)	Βέλγιο (ουδ.)	[véljio]
Alemanha (f)	Γερμανία (θηλ.)	[jermanía]
Países Baixos (m pl)	Κάτω Χώρες (θηλ.πλ.)	[káto xóres]
Holanda (f)	Ολλανδία (θηλ.)	[oljanðía]
Grécia (f)	Ελλάδα (θηλ.)	[eljáða]
Dinamarca (f)	Δανία (θηλ.)	[ðanía]
Irlanda (f)	Ιρλανδία (θηλ.)	[irljanðía]
Islândia (f)	Ισλανδία (θηλ.)	[isljanðía]
Espanha (f)	Ισπανία (θηλ.)	[ispanía]
Itália (f)	Ιταλία (θηλ.)	[italía]
Chipre (m)	Κύπρος (θηλ.)	[kípros]
Malta (f)	Μάλτα (θηλ.)	[máljta]
Noruega (f)	Νορβηγία (θηλ.)	[norvijía]
Portugal (m)	Πορτογαλία (θηλ.)	[portoɣalía]
Finlândia (f)	Φινλανδία (θηλ.)	[finljanðía]
França (f)	Γαλλία (θηλ.)	[ɣalía]
Suécia (f)	Σουηδία (θηλ.)	[suiðía]
Suíça (f)	Ελβετία (θηλ.)	[eljvetía]
Escócia (f)	Σκοτία (θηλ.)	[skotía]
Vaticano (m)	Βατικανό (ουδ.)	[vatikanó]
Liechtenstein (m)	Λίχτενσταϊν (ουδ.)	[líxtenstajn]
Luxemburgo (m)	Λουξεμβούργο (ουδ.)	[ljuksemvúrɣo]
Mônaco (m)	Μονακό (ουδ.)	[monakó]

148. Europa Central e de Leste

Albânia (f)	Αλβανία (θηλ.)	[aljvanía]
Bulgária (f)	Βουλγαρία (θηλ.)	[vuljɣaría]
Hungria (f)	Ουγγαρία (θηλ.)	[ungaría]
Letônia (f)	Λετονία (θηλ.)	[letonía]
Lituânia (f)	Λιθουανία (θηλ.)	[liθuanía]
Polônia (f)	Πολωνία (θηλ.)	[poljonía]

T&P Books. Vocabulário Português Brasileiro-Grego - 5000 palavras

Romênia (f)	Ρουμανία (θηλ.)	[rumanía]
Sérvia (f)	Σερβία (θηλ.)	[servía]
Eslováquia (f)	Σλοβακία (θηλ.)	[slʲovakía]

Croácia (f)	Κροατία (θηλ.)	[kroatía]
República (f) Checa	Τσεχία (θηλ.)	[tsexía]
Estônia (f)	Εσθονία (θηλ.)	[esθonía]

Bósnia e Herzegovina (f)	Βοσνία-Ερζεγοβίνη (θηλ.)	[voznía erzeɣovini]
Macedônia (f)	Μακεδονία (θηλ.)	[makeðonía]
Eslovênia (f)	Σλοβενία (θηλ.)	[slʲovenía]
Montenegro (m)	Μαυροβούνιο (ουδ.)	[mavrovúnio]

149. Países da ex-URSS

| Azerbaijão (m) | Αζερμπαϊτζάν (ουδ.) | [azerbajdzán] |
| Armênia (f) | Αρμενία (θηλ.) | [armenía] |

Belarus	Λευκορωσία (θηλ.)	[lefkorosía]
Geórgia (f)	Γεωργία (θηλ.)	[jeorĥía]
Cazaquistão (m)	Καζακστάν (ουδ.)	[kazakstán]
Quirguistão (m)	Κιργιζία (ουδ.)	[kirĥizía]
Moldávia (f)	Μολδαβία (θηλ.)	[molʲðavía]

| Rússia (f) | Ρωσία (θηλ.) | [rosía] |
| Ucrânia (f) | Ουκρανία (θηλ.) | [ukranía] |

Tajiquistão (m)	Τατζικιστάν (ουδ.)	[tadzikistán]
Turquemenistão (m)	Τουρκμενιστάν (ουδ.)	[turkmenistán]
Uzbequistão (f)	Ουζμπεκιστάν (ουδ.)	[uzbekistán]

150. Asia

Ásia (f)	Ασία (θηλ.)	[asía]
Vietnã (m)	Βιετνάμ (ουδ.)	[vietnám]
Índia (f)	Ινδία (θηλ.)	[inðía]
Israel (m)	Ισραήλ (ουδ.)	[izraílʲ]

China (f)	Κίνα (θηλ.)	[kína]
Líbano (m)	Λίβανος (αρ.)	[lívanos]
Mongólia (f)	Μογγολία (θηλ.)	[mongolía]

| Malásia (f) | Μαλαισία (θηλ.) | [malesía] |
| Paquistão (m) | Πακιστάν (ουδ.) | [pakistán] |

Arábia (f) Saudita	Σαουδική Αραβία (θηλ.)	[sauðikí aravia]
Tailândia (f)	Ταϊλάνδη (θηλ.)	[tajlʲánði]
Taiwan (m)	Ταϊβάν (θηλ.)	[tajván]
Turquia (f)	Τουρκία (θηλ.)	[turkía]
Japão (m)	Ιαπωνία (θηλ.)	[japonía]
Afeganistão (m)	Αφγανιστάν (ουδ.)	[afɣanistán]
Bangladesh (m)	Μπαγκλαντές (ουδ.)	[banglʲadés]

142

| Indonésia (f) | Ινδονησία (θηλ.) | [inðonisía] |
| Jordânia (f) | Ιορδανία (θηλ.) | [iorðanía] |

Iraque (m)	Ιράκ (ουδ.)	[irák]
Irã (m)	Ιράν (ουδ.)	[irán]
Camboja (f)	Καμπότζη (θηλ.)	[kabódzi]
Kuwait (m)	Κουβέιτ (ουδ.)	[kuvéjt]

Laos (m)	Λάος (ουδ.)	[lʲáos]
Birmânia (f)	Μιανμάρ (ουδ.)	[mianmár]
Nepal (m)	Νεπάλ (ουδ.)	[nepálʲ]
Emirados Árabes Unidos	Ηνωμένα Αραβικά Εμιράτα (θηλ.πλ.)	[inoména araviká emiráta]

Síria (f)	Συρία (θηλ.)	[siría]
Palestina (f)	Παλαιστίνη (θηλ.)	[palestíni]
Coreia (f) do Sul	Νότια Κορέα (θηλ.)	[nótia koréa]
Coreia (f) do Norte	Βόρεια Κορέα (θηλ.)	[vória koréa]

151. América do Norte

Estados Unidos da América	Ηνωμένες Πολιτείες Αμερικής (θηλ.πλ.)	[inoménes politíes amerikís]
Canadá (m)	Καναδάς (αρ.)	[kanaðás]
México (m)	Μεξικό (ουδ.)	[meksikó]

152. América Central do Sul

Argentina (f)	Αργεντινή (θηλ.)	[arjendiní]
Brasil (m)	Βραζιλία (θηλ.)	[vrazilía]
Colômbia (f)	Κολομβία (θηλ.)	[kolʲomvía]

| Cuba (f) | Κούβα (θηλ.) | [kúva] |
| Chile (m) | Χιλή (θηλ.) | [xilí] |

| Bolívia (f) | Βολιβία (θηλ.) | [volivía] |
| Venezuela (f) | Βενεζουέλα (θηλ.) | [venezuélʲa] |

| Paraguai (m) | Παραγουάη (θηλ.) | [paraɣuái] |
| Peru (m) | Περού (ουδ.) | [perú] |

Suriname (m)	Σούριναμ (ουδ.)	[súrinam]
Uruguai (m)	Ουρουγουάη (θηλ.)	[uruɣuái]
Equador (m)	Εκουαδόρ (ουδ.)	[ekuaðór]

| Bahamas (f pl) | Μπαχάμες (θηλ.πλ.) | [baxámes] |
| Haiti (m) | Αϊτή (θηλ.) | [aití] |

República Dominicana	Δομινικανή Δημοκρατία (θηλ.)	[ðominikaní ðimokratía]
Panamá (m)	Παναμάς (αρ.)	[panamás]
Jamaica (f)	Τζαμάικα (θηλ.)	[dzamájka]

153. Africa

Egito (m)	Αίγυπτος (θηλ.)	[éjiptos]
Marrocos	Μαρόκο (ουδ.)	[maróko]
Tunísia (f)	Τυνησία (θηλ.)	[tinisía]
Gana (f)	Γκάνα (θηλ.)	[gána]
Zanzibar (m)	Ζανζιβάρη (θηλ.)	[zanzivári]
Quênia (f)	Κένυα (θηλ.)	[kénia]
Líbia (f)	Λιβύη (θηλ.)	[livíi]
Madagascar (m)	Μαδαγασκάρη (θηλ.)	[maðayaskári]
Namíbia (f)	Ναμίμπια (θηλ.)	[namíbia]
Senegal (m)	Σενεγάλη (θηλ.)	[seneyáli]
Tanzânia (f)	Τανζανία (θηλ.)	[tanzanía]
África (f) do Sul	Δημοκρατία της Νότιας Αφρικής (θηλ.)	[ðimokratía tis nótias afrikís]

154. Austrália. Oceania

Austrália (f)	Αυστραλία (θηλ.)	[afstralía]
Nova Zelândia (f)	Νέα Ζηλανδία (θηλ.)	[néa zilⁱanðía]
Tasmânia (f)	Τασμανία (θηλ.)	[tazmanía]
Polinésia (f) Francesa	Γαλλική Πολυνησία (θηλ.)	[γalikí polinisía]

155. Cidades

Amesterdã, Amsterdã	Άμστερνταμ (ουδ.)	[ámsterdam]
Ancara	Άγκυρα (θηλ.)	[ángira]
Atenas	Αθήνα (θηλ.)	[aθína]
Bagdade	Βαγδάτη (θηλ.)	[vaγðáti]
Bancoque	Μπανγκόκ (ουδ.)	[bangkók]
Barcelona	Βαρκελώνη (θηλ.)	[varkelⁱóni]
Beirute	Βηρυτός (θηλ.)	[viritós]
Berlim	Βερολίνο (ουδ.)	[verolíno]
Bonn	Βόννη (θηλ.)	[vóni]
Bordéus	Μπορντό (ουδ.)	[bordó]
Bratislava	Μπρατισλάβα (θηλ.)	[bratislⁱáva]
Bruxelas	Βρυξέλλες (πλ.)	[vrikséles]
Bucareste	Βουκουρέστι (ουδ.)	[vukurésti]
Budapeste	Βουδαπέστη (θηλ.)	[vuðapésti]
Cairo	Κάιρο (ουδ.)	[káiro]
Calcutá	Καλκούτα (θηλ.)	[kalⁱkúta]
Chicago	Σικάγο (ουδ.)	[sikáγo]
Cidade do México	Πόλη του Μεξικό (θηλ.)	[póli tu meksikó]
Copenhague	Κοπεγχάγη (θηλ.)	[kopenxáji]
Dar es Salaam	Νταρ Ες Σαλάμ (ουδ.)	[dar es salⁱám]

Deli	Δελχί (ουδ.)	[ðelʲxí]
Dubai	Ντουμπάι (ουδ.)	[dubáj]
Dublim	Δουβλίνο (ουδ.)	[ðuvlíno]
Düsseldorf	Ντίσελντορφ (ουδ.)	[díselʲdorf]
Estocolmo	Στοκχόλμη (θηλ.)	[stokxólʲmi]

Florença	Φλωρεντία (θηλ.)	[flʲorendía]
Frankfurt	Φρανκφούρτη (θηλ.)	[frankfúrti]
Genebra	Γενεύη (θηλ.)	[jenévi]
Haia	Χάγη (θηλ.)	[xáji]
Hamburgo	Αμβούργο (ουδ.)	[amvúrɣo]

Hanói	Ανόι (ουδ.)	[anój]
Havana	Αβάνα (θηλ.)	[avána]
Helsinque	Ελσίνκι (ουδ.)	[elʲsínki]
Hiroshima	Χιροσίμα (θηλ.)	[xirosíma]
Hong Kong	Χονγκ Κονγκ (ουδ.)	[xong kong]
Istambul	Κωνσταντινούπολη (θηλ.)	[konstandinúpoli]

Jerusalém	Ιεροσόλυμα (θηλ.)	[ierosólima]
Kiev, Quieve	Κίεβο (ουδ.)	[kíevo]
Kuala Lumpur	Κουάλα Λουμπούρ (θηλ.)	[kuálʲa lʲubúr]
Lion	Λιόν (θηλ.)	[lión]
Lisboa	Λισαβόνα (θηλ.)	[lisavóna]

Londres	Λονδίνο (ουδ.)	[lʲonðíno]
Los Angeles	Λος Άντζελες (ουδ.)	[lʲos ándzeles]
Madrid	Μαδρίτη (θηλ.)	[maðríti]
Marselha	Μασσαλία (θηλ.)	[masalía]
Miami	Μαϊάμι (ουδ.)	[majámi]

Montreal	Μόντρεαλ (ουδ.)	[móntrealʲ]
Moscou	Μόσχα (θηλ.)	[mósxa]
Mumbai	Βομβάη (θηλ.)	[vomvái]
Munique	Μόναχο (ουδ.)	[mónaxo]
Nairóbi	Ναϊρόμπι (ουδ.)	[najróbi]
Nápoles	Νεάπολη (θηλ.)	[neápoli]

Nice	Νίκαια (θηλ.)	[níkea]
Nova York	Νέα Υόρκη (θηλ.)	[néa jórki]
Oslo	Όσλο (ουδ.)	[óslʲo]
Ottawa	Οτάβα (θηλ.)	[otáva]
Paris	Παρίσι (ουδ.)	[parísi]

Pequim	Πεκίνο (ουδ.)	[pekíno]
Praga	Πράγα (θηλ.)	[práɣa]
Rio de Janeiro	Ρίο ντε Ζανέιρο (ουδ.)	[río de zanéjro]
Roma	Ρώμη (θηλ.)	[rómi]
São Petersburgo	Αγία Πετρούπολη (θηλ.)	[ajía petrúpoli]
Seul	Σεούλ (ουδ.)	[seúlʲ]

Singapura	Σιγκαπούρη (θηλ.)	[singapúri]
Sydney	Σίδνεϊ (θηλ.)	[síðnej]
Taipé	Ταϊπέι (θηλ.)	[tajpéj]
Tóquio	Τόκιο (ουδ.)	[tókio]
Toronto	Τορόντο (ουδ.)	[toróndo]

Varsóvia	Βαρσοβία (θηλ.)	[varsovía]
Veneza	Βενετία (θηλ.)	[venetía]
Viena	Βιέννη (θηλ.)	[viéni]
Washington	Ουάσινγκτον (θηλ.)	[wáʃington]
Xangai	Σαγκάη (θηλ.)	[sangái]